La vie est plus forte que la mort

Du même auteur

Traverser l'épreuve : comment activer notre potentiel de vie, Éditions Fides, 2010

J'aimerais vous parler d'amour… et de sexe, Éditions Michel Lafon, 2011

Pour une sexualité épanouie : un modèle d'intervention globale en sexologie, le MIGS, Éditions Fides, 2009-2011

La Sexualité des jeunes : petit manuel pour les parents, Éditions Fides, 2012

Sœur Marie-Paul Ross

La vie est plus forte que la mort

Michel Lafon

7-13, boulevard Paul-Émile-Victor – Île de la Jatte
92521 Neuilly-sur-Seine Cedex

www.michel-lafon.com

Ce volume est dédié à mes parents de qui j'ai reçu la vie et qui m'ont appris à regarder l'horizon, ainsi qu'à Délia, fondatrice des missionnaires de l'Immaculée-Conception. Elle a su offrir au monde le sens du risque et la force d'un appel pour une vie de plénitude. Celles qui lui ont succédé ont su m'accueillir dans ce projet de vie religieuse voué à la reconnaissance de ce qui est vécu au quotidien et à la mission. Elles ont su reconnaître mes valeurs, souvent cachées sous une apparence de timidité et de rusticité. Elles m'ont permis d'être fidèle à mon être et de vivre dans l'authenticité.

L'accueil de l'appel, l'abandon à la mission qui ouvre de nouveaux chemins, la joie du magnificat, *qui est un chant de reconnaissance, ont été mon phare.*

Je souhaite à mes lecteurs qu'ils puissent découvrir, à travers mes lignes, la beauté souvent oubliée de leur histoire.

Première partie

Les premières épreuves

– 1 –

Ma mort avant l'heure

– Madame, j'ai le regret de vous annoncer que votre enfant est mort. Le cordon ombilical s'est enroulé autour de son cou et l'a étranglé.

Ces mots coups de poing, directs et fatals, assomment ma mère. La voix est froide, insensible, comme pour empêcher le pathos de déborder dans une situation aussi dramatique. Muette, incapable de pleurer, ma mère regarde le corps inerte de son bébé sur lequel une tante a posé un drap blanc. Sa petite fille repose sur une commode, petit paquet de chair sans vie. Je suis donc déclarée mort-née le 21 avril 1947, aux premières lueurs du jour. Étrange, comme entrée dans la vie : je connais la fin avant le début.

Ma mère cependant ne peut se résoudre à l'idée que son onzième enfant soit décédé. Elle fixe ce petit corps, cherchant en lui le moindre souffle de vie. Elle demande alors au médecin de pouvoir serrer son enfant contre elle, une première et dernière fois. En l'ayant dans ses bras, elle s'aperçoit qu'il réagit, que sa petite fille vit. Le médecin, intransigeant, lui ôte toute forme d'espoir. Encore cette voix froide, indifférente.

– Elle ne survivra pas. Et si jamais elle vit, elle sera idiote, sans neurones !

Bien qu'elle ignore la signification de ce mot, « neurone », ma mère s'en souviendra toute sa vie. *Neurone, neurone*... Donc je suis née morte, puis finalement je suis vivante, mais sotte. Belle façon d'aborder l'existence...

Tout de suite après ma naissance, mon père insiste pour qu'on me baptise vite, très vite, persuadé que je vais mourir. Dans cette famille de fermiers très croyante, le baptême était alors une priorité, histoire que j'échappe aux limbes. Ma mère demande qu'on me consacre à la Sainte Vierge. La foi de mes parents et la culture de l'époque ont marqué l'histoire de ma vie. C'est un héritage qui, aujourd'hui encore, m'assure force et courage.

Ma mère me garde au chaud sur la porte du fourneau du poêle à bois. Tout en s'occupant des tâches de la maison et des autres enfants, elle surveille ma respiration et prie pour que je vive...

*
* *

Bébé, j'étais faible, je pleurais dès que quelqu'un s'approchait de mon berceau. Je refusais de manger et ne gardais pas le lait. Ma mère a eu la patience de me nourrir avec de l'eau sucrée au miel de trèfle, puis l'intuition de me faire boire le lait d'une vache de notre ferme qui se révéla approprié pour moi. C'est grâce à ses bons soins que j'ai peu à peu repris le chemin de la vie. Ma mère… une femme anxieuse, aimante et croyante n'était jamais très loin. Elle vivait son quotidien en s'adonnant aux multiples tâches ménagères et agricoles. Le cri « maman ! » amenait, comme en écho, une réponse : « oui. »

Devant les difficultés, elle jetait un regard vers les cadres typiques de la culture religieuse de l'époque, lesquels étaient bien en vue dans la cuisine. C'était au temps où la foi des gens était affichée sur les murs. Ce milieu m'a pétrie et m'invite encore au don de soi et à la lutte.

J'ai davantage vu mon père, épuisé par le dur travail de fermier et de bûcheron. Il souffrait sévèrement de rhumatismes. De plus, sa surdité croissante l'amenait à parler de plus en plus fort et son humeur en était affectée. Le dimanche et au temps des fêtes, il égayait la maison en jouant de l'harmonica. Sa musique était rythmée et harmonieuse, sa mélodie étant sûrement le reflet de son être profond souvent caché par les souffrances de la vie. Il aimait ses enfants, ça oui, même si, comme beaucoup d'hommes à cette époque, il ne savait pas exprimer ses sentiments.

Les premières années de mon enfance se passent à la ferme familiale à Sainte-Luce-sur-Mer, dans la région du Bas-Saint-Laurent, aux portes de la Gaspésie. Je me souviens de moments de joie intense en compagnie de mes parents et de mes frères et sœurs, même s'il m'arrivait souvent de me sentir seule. À moins que je ne fusse simplement une solitaire, j'étais très timide, je me cachais sous la galerie ou à l'étage de la maison pour ne pas être vue des gens lorsqu'ils venaient nous rendre visite, et ne réapparaissais qu'une fois qu'ils étaient partis...

Ce sentiment diffus de solitude reviendra régulièrement tout au long de mon existence. Mais les grands espaces, mon église natale, le son des cloches, la vague de la mer montante, le cri des mouettes, le vent du nord me réjouiront toujours le cœur.

Ces moments de bonheur sont entachés de souvenirs moins heureux. Comme j'avais un souffle au cœur, j'étais souvent malade, le médecin de famille ayant décrété que je ne pourrais pas vivre très longtemps. D'ailleurs, chaque fois que ma mère me voyait courir, elle criait :

– Fais attention à ton cœur, il est malade !

Je m'en moquais. Si bizarre que cela puisse paraître, je savais que j'allais vivre...

Dès le début, j'ai lutté pour la vie. C'est pour ça qu'aujourd'hui je ne me laisse ni mourir ni écraser. Il est possible de venir à bout de n'importe quoi quand on naît morte. Affronter l'épreuve et créer la vie chaque jour est pour moi le pain quotidien.

À l'âge de cinq ans, je tombe gravement malade, j'ai une forte fièvre accompagnée de difficultés respiratoires. Le médecin de famille déclare à ma mère :

– Madame, votre fille va mourir.

En entendant ces mots, je m'affole. Je ne veux pas mourir et je ne veux surtout pas être enterrée – je sais qu'on enterre les morts. Quelle horreur ! Alors, pour ne pas finir sous terre, je m'enfuis à l'heure de midi, pendant que ma mère annonce à mon père :

– La petite va mourir.

Je me glisse hors de la maison pour me réfugier sur la roche plate, au milieu de la rivière qui coule derrière la ferme, priant la Sainte Vierge de m'épargner la mort. J'y passe le reste de la journée, échappant ainsi au temps et à la prédiction du médecin. Ce lieu est demeuré pour moi un endroit de grâce, un refuge privilégié. D'un côté, l'eau coulait et chantait sur de petites roches. De l'autre, l'eau était plus profonde et le courant plus fort. J'aimais jouer avec l'eau, avec les petits cailloux et les galets.

Je m'y suis endormie et, à mon réveil, à la toute fin du jour, au moment où l'obscurité s'installe, j'entends qu'on m'appelle. Je traverse la rivière pieds nus avant que l'un de mes frères vienne me chercher. Je le supplie d'intervenir pour qu'on ne m'enterre pas.

Finalement je ne suis pas morte, et je n'ai pas été enterrée.

Depuis, j'ai gardé en mémoire qu'un enfant peut facilement être traumatisé par la mort. Il a besoin de réconfort et de réponses adaptées à son âge.

Petite, j'essayais de comprendre d'où je venais, pourquoi j'étais née ici. Ce sont des questions complexes pour une fillette. Je me souviens que j'étais très sensible à la misère humaine et qu'un rien me faisait mal. J'entendais dire qu'il y avait des enfants dans le besoin et je voulais les aider. Je me demandais souvent pourquoi cette misère-là, pourquoi les rhumatismes de mon père, mon cœur malade, les grippes, les accidents ? Il m'est arrivé de me mettre en colère contre Dieu que l'on disait tout-puissant. Comment pouvait-il être bon et laisser persister tant de souffrances... À la suite de ces questionnements, l'absolue nécessité de me rendre utile s'est ancrée dans mon esprit. Si je jouis du don de la vie, c'est pour aider les autres.

*
* *

J'avais l'habitude de suivre mes frères sur la voie ferrée qui passait non loin de la grange. Nous étions sur ce grand pont de fer, très élevé, d'où l'on apercevait l'eau entre les poutres. Comme il était beau, ce pont ! Une vraie merveille ! Ce matin-là, il faisait soleil. Soudain, mes frères se sont mis à courir tandis que le train s'approchait. Sentant le danger imminent, je dus mettre mes pieds sur les poutres pour ne pas tomber. Le train arrivant, il était de plus en plus près, sa grosse lumière m'éblouissait. La locomotive hurlait si fort, c'était insupportable ! Je ne sais pas ce qui s'est passé. Je me revois seulement sur le pont, indemne, alors que le train s'éloigne. Mes frères avaient eu tout juste le temps de se mettre sur le côté. Nous avions frôlé le drame. On nous avait pourtant dit de ne pas jouer sur la voie ferrée, que c'était trop dangereux… Le mot d'ordre fut vite trouvé : ne rien dire à notre mère.

Je descends à la rivière et je me rends à la grosse roche qui a été réchauffée par le soleil. Je m'endors là pour un moment. Le pont, cette grosse roche, la rivière avec son petit bassin d'environ un mètre de profondeur, sont mon coin de ciel. C'est là qu'on se baigne et qu'on joue dans l'eau. Le murmure du cours d'eau demeure pour moi la plus belle des musiques, une mélodie de paix et de vie.

*
* *

À l'âge de cinq ans, je suis atteinte par la rougeole. Contrainte de rester dans ma chambre avec pour seul moyen d'évasion la vue de ma fenêtre grande ouverte, je regarde mes frères et des amis jouer au ballon prisonnier.

C'est dans ces circonstances que j'en viens à perdre la vue. Je suis incapable d'ouvrir les paupières et la lumière provoque une douleur insupportable dans mes yeux. À nouveau, mes parents m'emmènent chez le médecin du village. Je suis assise sur les genoux de ma mère et je pleure en silence. J'entends le trot du cheval, le roulement de la charrette sur la gravelle et les salutations que mes parents lancent aux gens qu'ils rencontrent.

Le diagnostic du médecin va une fois de plus plonger ma famille dans le désarroi : « Elle va rester aveugle. »

C'est la neuvaine préparatoire à la fête de sainte Anne. La veille de la grande fête, une partie de la famille se rend au village de Pointe-au-Père, dont l'église est le sanctuaire de la région dédié à la sainte. Mon père, qui ne faisait pas le déplacement, essaye de dissuader ma mère de m'y emmener. Je pars quand même en charrette avec ma mère et quelques-uns de mes frères et sœurs. J'entends toujours le bruit familier du cheval qui tire la charrette. Par moment, ma mère chante : « Vive sainte Anne, elle est notre patronne. Puissante au ciel, elle exauce nos vœux… »

Quand nous arrivons au « sanctuaire », ma mère me descend de la charrette. Je porte de gros verres fumés, la lueur du soleil couchant me brûlant les yeux. Ma mère me dit :

– Nous sommes devant sainte Anne et l'eau sort de ses mains. Demande-lui de guérir tes yeux.

Cette grande statue de sainte Anne, les mains ouvertes, laisse sortir l'eau à travers une coquille de mer. C'est une image gravée à tout jamais en moi. J'aime lui rendre visite chaque fois que je retourne à mon lieu d'origine. Ma mère me lave les yeux avec l'eau de la fontaine de sainte Anne, lui demandant avec foi de me guérir.

Afin d'éviter l'entrée de la foule dans le « sanctuaire », nous allons rapidement prendre place au jubé de cette vieille petite église en bois. La célébration commence et je demeure assise, tranquille. J'écoute les chants de la chorale derrière nous mais les paroles du prêtre qui sortent des haut-parleurs me fatiguent. Je demande souvent à ma mère :

– Dis-moi quand le prêtre lèvera l'hostie.

Elle répond tout bas :

– Oui, oui.

J'entends le carillon qui sonne, c'est l'événement que j'attends. Avant même que ma mère me l'indique, je pose un genou à terre, soulevant la tête pour voir l'autel en avant. En même temps, je crie :

– Je vois l'hostie.

Maman répète à voix basse :

– Merci, sainte Anne, merci sainte Anne...

Je revois enfin les lumières, les fleurs, les gens et je me rappelle le cantique que ma mère chantait dans la charrette. Une fois de plus la prédiction du médecin est tombée à l'eau.

C'est naturel pour moi de recourir aux patrons de mes parents. Mon père, qui vénérait le Sacré-Cœur de Jésus et Saint-Joseph, m'a lui aussi laissé l'héritage de ses grandes dévotions. Je le revois saluer la statue du Sacré-Cœur devant les églises où il passait.

*
* *

Pendant cinq ans, j'ai été la plus jeune de la famille. Quand je voyais des parents avec un bébé, je les trouvais chanceux. J'espérais la venue d'un poupon pour nous à la maison. Quelle joie j'ai éprouvée lors de la naissance de mon petit frère !

Cette année-là, lorsque arrive septembre, mes frères et sœurs retournent à l'école et je reste à la maison avec ce petit frère tant attendu, né en juillet. Ma mère prend soin de nous. Je joue seule avec des bouteilles vides de différentes grandeurs que je fais agir comme des personnages. Je vis dans mon monde de rêve... J'imagine une famille, l'école, l'église. Quand le bébé pleure, je reviens à la réalité et je cours lui redonner sa tétine. Je crie « maman » et, comme un écho, j'entends toujours ce « oui ».

À la fin du printemps suivant, avant même ses premiers pas, j'emmène mon petit frère avec moi en pique-nique dans la petite voiture en bois spécialement achetée pour le transporter. À la campagne, il n'y a pas de poussette, de « carrosse » comme on dit chez nous.

À cet âge, je pleurais encore souvent. Ne pas comprendre les façons qu'a un enfant d'exprimer un malaise peut devenir terrible pour les parents et l'entourage. Pour ma part, je sais comment un enfant peut se sentir quand il a mal et je comprends qu'il est normal pour lui de pleurer. C'est une manière saine d'exprimer une souffrance.

*
* *

Toute ma vie, lorsque j'ai voyagé au Québec, j'ai choisi d'emprunter les routes des petits villages et j'ai toujours été profondément touchée par la foi de mes ancêtres. Quelle chance d'avoir eu des parents qui trouvaient la force et le courage de vivre en s'appuyant sur leurs valeurs et leurs croyances ! De modeste condition, mes parents étaient de grands travailleurs, et ils ont toujours su nous apporter ce dont nous avions besoin : un toit sur notre tête, de la nourriture et, surtout, une joie de vivre qui ne me quittera jamais. Très jeune, j'ai appris à avancer en eau profonde et à m'émerveiller devant la moindre expression de vie : une fleur, un champ de blé doré, le soleil couchant, le bourgeon, le flocon de neige… Je peux maintenant regarder mon enfance comme un court pèlerinage qui m'a préparée à la mission à laquelle j'étais appelée.

– 2 –

L'école, quelle épreuve !

À six ans, en 1953, direction la petite école de rang[1]. Je plonge souvent dans mon monde de rêveries… je m'imagine être ailleurs. Je déteste l'exercice qui consiste à aligner les élèves les uns derrière les autres pour les soumettre aux questions de la maîtresse. Il faut dire qu'une mauvaise réponse suppose, pour l'élève concerné, de se retrouver à la fin de la file, et cela est souvent mon cas. En plus, je ne parviens pas à apprendre par cœur le petit catéchisme. Mon frère Adrien me vient en aide en m'enseignant à sa façon les réalités spirituelles : Dieu est invisible mais il m'accompagne lorsque je

1. Type d'école en milieu rural qui fut utilisé jusque dans les années 1960 au Canada, afin d'y dispenser un enseignement primaire à des élèves de tous âges.

dois aller chercher les vaches aux champs. Donc, je ne dois plus avoir peur d'y aller seule... car je suis bien accompagnée ! Ses explications me semblent claires et intelligibles, je comprends tout. D'ailleurs, lorsque la maîtresse me posera la question : « Qui est Dieu ? », je lui répondrai spontanément qu'il m'accompagne quand je vais chercher les vaches ! Visiblement, ce n'est pas la bonne réponse car tout le monde se met à rire. J'ai l'impression d'avoir échoué. Difficile de se sentir humiliée devant ses camarades de classe.

Les maîtresses d'école collaient des étoiles dans les cahiers des élèves à titre de reconnaissance pour les devoirs bien faits. Elles donnaient également des images religieuses (la Sainte Vierge, saint Joseph, sainte Anne, le Sacré-Cœur...) aux élèves qui réussissaient bien leur semaine. Cela fait partie de notre histoire québécoise. N'étant jamais récompensée, je fouillais dans les sacs d'école de mes frères et sœurs pour collectionner les images. Je me suis fait un cahier d'images qui fut mon « doudou » tout le temps de ma seconde enfance.

À cet âge-là, je suis une enfant plutôt lente. Je prends mon temps pour essuyer la vaisselle, faire le ménage, m'habiller, aller chercher les œufs au poulailler, manger... Malgré l'insistance de ma mère, je n'arrive pas à suivre le rythme de la famille, marchant seule derrière les autres. J'ai l'impression de vivre dans un autre monde.

Je comprends les enfants qui se réfugient dans leur imaginaire. C'est un excellent mécanisme de défense pour survivre aux difficultés inhérentes à la condition humaine. Il faut se rappeler son enfance pour être à l'écoute de l'enfant.

*
* *

Chaque année à l'école primaire se présentent des sœurs missionnaires qui viennent nous raconter leur vie en mission. Elles aident des enfants en Chine ou en Afrique, dans les endroits les plus pauvres de la planète. Dans leurs grandes robes blanches, elles me font rêver. Dès notre première rencontre, je sais tout de suite ce que je voudrai faire plus tard. Moi aussi, je rêve d'aider les malades et les enfants pauvres. J'ai le sentiment que je partirai loin pour leur apporter mon soutien.

En rêver est une chose, y accéder en est une autre…

L'école n'étant pas mon fort, ma préférence va aux activités physiques et sportives, aux grandes balades et à certains travaux de la ferme. Je souffrirai de cette inadaptation au système scolaire pendant toute mon enfance, en particulier dans la cour d'école, où je devrai faire ma place.

La maîtresse reste souvent dans la classe pendant que les élèves jouent seuls dans la cour, sans surveillance. Les grands bousculent souvent les plus petits. Pendant ces années, pour survivre et m'imposer, je commence à utiliser ma force physique, principalement envers les garçons plus vieux que moi, avec qui je me chamaille. Je deviens colérique et c'est à ce moment que je vais commencer à comprendre qu'une personne qui se laisse emporter par la colère et la fureur peut faire preuve d'une force destructrice impressionnante, donc néfaste.

Les enfants subissent souvent ces situations de grande violence à l'école. Les adultes saisissent-ils la détresse d'un enfant aux prises avec l'humiliation, la violence et l'intimidation ? C'est tellement inhumain ! Tous ces efforts et ces luttes pour se faire une place conduisent facilement l'enfant en dehors de lui-même. Dès son plus jeune âge, pour faire face aux exigences du milieu qu'il fréquente, l'individu se forge une façon d'être qu'il a tendance à reproduire par la suite. Il se peut qu'il développe alors un comportement agressif, pourtant l'enfant a besoin de silence, de sécurité et de lieux de paix pour revenir à l'être en soi.

Même si l'école me rebutait, j'ai insisté pour poursuivre mes études au secondaire. À treize ans, mes parents m'envoient vivre et étudier dans un village éloigné de chez moi, chez un oncle curé de paroisse. Je fréquente un couvent tenu par des religieuses. Cette expérience ne me réconcilie pas vraiment avec les études... Elle va même m'en éloigner. Les sœurs se montrent très exigeantes avec moi. Sous prétexte que je suis la nièce du curé, je me dois de briller et d'être la meilleure. J'ai déjà du mal à être simplement au niveau, mais être « la meilleure » est pour moi une gageure ! Et puis, comble de malchance, je ne m'entends pas avec les filles préoccupées par les garçons ; on n'est pas sur la même longueur d'onde.

Du coup, je reste seule la plupart du temps, passant mes journées à observer la vie des adultes. Beaucoup de gens viennent au presbytère, et certains à propos de tout et de rien. Je prends petit à petit conscience de leur solitude, de leur ennui et des difficultés qu'ils éprouvent. Je suis encore trop jeune pour mettre des mots sur cette réalité.

À cette époque, il y a un vrai culte des prêtres. Considérés comme les seuls détenteurs de la vérité, ils peuvent assurer la bénédiction de Dieu sur nous. Quel pouvoir ! On s'enorgueillit lorsque l'on a la chance d'avoir un prêtre dans la famille. Heureusement, ma mère, femme de bon jugement, a toujours conservé un regard assez critique sur eux et elle nous a façonnés en ce sens. Les dimanches, quand tout le monde se retrouvait à table, elle n'hésitait pas à reprendre le sermon de monsieur le curé. Quand il avait eu le malheur de dire des choses qui allaient à l'encontre de ses valeurs et de sa croyance, elle nous disait : « Écoutez les enfants, l'enfer, c'est la misère que nous vivons sur terre, il importe de s'en sortir. »

À sa façon, ma mère avait une théologie simple et très humaine.

Presque tous les samedis, nous avions des soirées de danse à la maison, même si les curés avaient des réserves concernant celles-ci. Nous sommes une famille d'accordéonistes. Les amis des rangs et les voisins se regroupaient chez nous. On dansait des sets carrés, des quadrilles, des grandes valses, des polkas, enfin les danses folkloriques de notre terroir au rythme de l'accordéon et de l'harmonica. Mon père, malgré ses revenus modestes, s'assurait d'avoir à la maison des boissons gazeuses (Coca-Cola, Seven-Up, ginger ale, orangeade). Sans boissons alcoolisées, les gens s'amusaient simplement, dans le rire et la gaieté. Les adolescents de dix-sept ans et plus apprenaient à se courtiser, à charmer et à séduire. Les adultes retrouvaient leurs talents de jeunesse. Je garde un souvenir agréable de ces soirées de danse.

*

* *

Pour ma deuxième année au niveau secondaire, ne voulant pas poursuivre au même endroit, je suis allée vivre chez mes grands-parents maternels au village voisin. J'allais à l'école du village appelée « le couvent » et je faisais de mon mieux pour aider mes grands-parents dans les tâches ménagères.

J'avais toujours des difficultés scolaires et je trouvais mes camarades de classe hautaines. Moi, je venais d'un rang... Les filles des rangs, on les asseyait à l'arrière parce qu'elles étaient considérées comme les « niaiseuses ». La maîtresse, une religieuse, nous le faisait sentir : « Les filles des rangs, avez-vous compris ? » Quand je posais une question, elle disait : « Ça paraît que vous venez des rangs. » À cette époque, les classes sociales avaient leur importance dans la façon dont on traitait les gens.

En revenant de l'école, je m'arrêtais régulièrement à l'église. Je pleurais et je demandais à la Sainte Vierge et à sainte Anne de m'aider à poursuivre mon année scolaire.

Un été, avec ma grande sœur, je suis allée passer un mois sur un bateau de la marine marchande où travaillaient deux de mes frères. J'ai pu me rendre compte des difficultés et de la détresse de la vie de marin. L'ennui, une lettre désagréable, l'arrivée au quai, le retour des bars sont, pour plusieurs, des réalités éprouvantes. Mais je n'ai jamais oublié la beauté des levers et des couchers de soleil en pleine mer. C'est féerique. Les heures passées à contempler ces merveilles m'ont permis d'activer ma sensibilité d'adolescente de quinze ans. Ce voyage en mer m'a ouvert un nouvel horizon.

Dès septembre, je suis entrée comme pensionnaire dans une école dirigée par les sœurs missionnaires de l'Immaculée-Conception – MIC –, congrégation à laquelle j'appartiens encore aujourd'hui. La directrice ne m'appréciait pas particulièrement, elle m'estimait indigne des sœurs missionnaires. Dès la première année elle a voulu me renvoyer, à cause, entre autres, de problèmes disciplinaires. Je n'ai dû mon salut qu'à la bienveillance du père Hudon, un jésuite qui a su croire en mon potentiel et à mon rêve de devenir missionnaire. Heureusement aussi, il y avait des religieuses sportives, enjouées, dévouées qui comprenaient ce que je vivais. Ces femmes m'interpellaient... Malgré les structures et les règlements internes, je voyais que chacune d'elles avait droit à sa personnalité. J'ai défendu ma cause et j'ai pu continuer mes études jusqu'au terme du secondaire, à l'aube de mes dix-huit ans.

*
* *

Durant les vacances d'été qui ont suivi, je suis allée avec ma sœur Monique, mon frère Benoît ainsi que leurs amis à l'hôtel du village voisin. C'était un établissement où les gens pouvaient danser et consommer de l'alcool. Il fallait être âgé de vingt et un ans (majorité à cette époque) pour fréquenter ces lieux. Étant donné mon apparence, je passais facilement pour majeure. J'aimais danser et je buvais du jus d'orange. Quand les hommes ont commencé à être éméchés, je suis sortie pour aller m'asseoir au bord de la mer. J'étais heureuse d'être seule, je me sentais en sécurité et j'éprouvais un bien-être profond… exceptionnel. Tout devenait clair en moi : c'était la première et la dernière fois que je fréquentais ces lieux. Je préférais danser seule sur la grève. Entendant le bruit des autos qui démarraient, je suis retournée à l'hôtel. Ma sœur et mon frère me cherchaient et ma présence mit fin à leur inquiétude. J'étais contente de revenir à la maison et j'ai passé la nuit à me rappeler le bruit des vagues, le ciel étoilé et les bienfaits que m'avait apportés le silence. Toute cette harmonie venait remplacer le bruit strident de la musique forte, la fumée de cigarettes, les verres de bière et l'alcool à profusion. Je me demandais pourquoi ma mère m'avait laissée aller à cette soirée – j'avais tellement insisté, je voulais aller danser.

Le lendemain, elle me demanda si j'avais aimé ma soirée. La réponse ne s'est pas fait attendre : « J'ai bien aimé l'heure passée au bord de la mer. » Mon choix de vocation était clair. À cette époque, choisir de devenir religieuse était sujet à questionnement, mais l'appel était plus fort.

– 3 –

Jeune sœur rebelle

Les sœurs n'étaient pas les seules à s'opposer à ce que je devienne religieuse au sein des MIC. Dans ma famille non plus, personne ne m'imaginait en sœur. Pour eux, j'étais trop fragile, trop atypique, trop indépendante, pas assez soigneuse ni appliquée pour réussir dans cette voie. Une fois admise au couvent, à dix-sept ans, j'ai attendu le dernier moment pour annoncer la nouvelle.

Le matin du 8 août 1964, aux premières lueurs de l'aube quand je quitte la maison, seule ma mère est présente. Les autres sont déjà à l'étable pour y traire les vaches. Alors que je la salue, elle me dit simplement :

– Si tu souffres trop, tu reviens.

Elle est persuadée que je serai obligée d'abandonner et de revenir. Je n'ai pas la santé pour être missionnaire.

Mon frère aîné s'est vu confier la mission de m'accompagner au couvent des MIC, en banlieue de Montréal. Mais après le périple de plus de cinq cents kilomètres le long du fleuve Saint-Laurent, il m'annonce qu'il n'est pas question que j'entre au couvent. Il m'a inscrite, en douce, dans une école de puériculture ! Comme j'aime les enfants, il estime que c'est ma place. Pour lui, il y a une « limite à être folle ». Je ne suis pas folle, je veux juste devenir une missionnaire – et je ne vais sûrement pas abandonner si près du but ! J'insiste, je me fâche, et je menace de quitter la voiture en marche s'il refuse de me déposer au couvent.

À la suite de cette dispute, je reste coucher chez lui. Le lendemain, après plusieurs détours, il me laisse enfin à destination. Dans le hall d'entrée du couvent, il y a deux escaliers impressionnants, en demi-cercle, de chaque côté. Chose étrange, j'avais souvent rêvé de ces escaliers. Je me sens joyeuse et je dis :

– Les escaliers.

Mon frère me demande pourquoi je dis cela et je lui réponds que je les ai déjà vus. Il me laisse son accordéon et il dit aux sœurs :

– C'est moi qui vais venir la chercher dans peu de temps quand elle sortira du couvent.

Il laisse son numéro de téléphone, où il peut être joint. Cette façon de faire de mon frère était sa manière à lui de protéger sa petite sœur.

Seule dans un coin de la salle d'accueil, je commence à jouer de l'accordéon. Les filles qui entrent au noviciat arrivent avec leur famille. Plusieurs pleurent. Je ne comprends pas pourquoi, c'est pour moi un événement joyeux que j'espérais depuis longtemps. J'attends qu'on vienne me chercher.

Je rencontre la sœur directrice du pensionnat qui m'apparaît contrariée.

– Comment se fait-il que vous ne m'ayez rien dit ?

J'avais dérogé à la coutume... je devais passer par elle pour entrer au couvent.

Comme j'étais seule, une religieuse m'a conduite à la chapelle. Les autres filles étaient toujours au parloir, faisant leurs adieux à leur famille. Quelle belle chapelle ! Étant là, j'avais le sentiment d'avoir déjà vu ce lieu, ces lumières en forme de coquille qui éclairent vers le haut. Je me sentais chez moi et heureuse. C'est toujours une joie pour moi de me retrouver dans cette chapelle qui invite à la joie et à la paix.

*
* *

Contrairement à ce que mon frère pense, j'aime la vie au couvent, les silences, les chants, la paix, le travail et le sport que nous y pratiquons. Je travaille assidûment, même si je ne fais pas partie des « lumières ». Naturelle, je ne suis pas du style raffiné et j'agis parfois comme si j'étais capable de peu. D'ailleurs, le médecin l'avait dit...

Au noviciat, je ne corresponds pas non plus au style de la « religieuse exemplaire ».

Chaque vendredi après-midi, nous devons nous confesser. Un vendredi, alors que je travaille au jardin et que je vis un vrai temps de paradis, une sœur vient me chercher en courant et me dit :

– Viens vite à la confesse, il n'y a plus personne qui attend.

J'avais oublié que c'était l'après-midi des confessions ! Le prêtre n'attend plus que moi. Affolement général. Je cours me changer pour me présenter correctement vêtue. Dans ma tête, je cherche mes mots : « Mon père, je m'accuse de... » Que dire ? Qu'est-ce que j'avais fait de mal au cours de la semaine alors que j'avais offert ma vie à Dieu chaque jour, travaillé, prié, chanté et fait du sport ?

Je monte l'escalier au pas de course. Comble de malheur, je rencontre la maîtresse des novices à qui j'essaie d'expliquer que je suis en retard pour la confession. Elle me dit que c'est grave, que je suis irresponsable et qu'il y a là un signe que j'oublie Dieu... C'était son devoir de former les novices à l'image des sœurs de l'époque. Elle me libère enfin et je me précipite au confessionnal. Une fois devant mon confesseur, essoufflée par ma course, je ne sais que lui déclarer :

– Mon père, je m'accuse.

Devant mon essoufflement, le confesseur me demande :

– D'où venez-vous, ma sœur ?

Avec toute ma spontanéité, je lui réponds :

– De Sainte-Luce-sur-Mer, mon père.

Je l'entends encore rire, comme si j'avais dit quelque chose de drôle. Puis il me rétorque, toujours en riant :

– Je comprends que vous soyez essoufflée, après avoir couru plus de cinq cents kilomètres !

Je réalise alors qu'il me demande d'où j'arrive. C'est à mon tour de rire aux éclats.

Puis, redevenant sérieux, il m'invite à me confesser. J'ai simplement envie de lui dire : « Mon père, je m'accuse d'avoir laissé le paradis du jardin pour me ramasser dans l'enfer du confessionnal. » Mais je ne peux pas. Enfin, je choisis de reprendre les mots de la maîtresse :

– Mon père, je m'accuse d'être irresponsable.

– En quoi ?

– En rien. C'est la mère maîtresse qui m'a dit ça.

Je confesse alors un vrai péché :

– Mon père, je m'accuse d'avoir oublié la confession.

Cette fois, je réussis à obtenir l'absolution d'un oubli qui, à mon sens, n'était qu'un signe de bonne santé…

*

* *

En tant que novice, on m'apprend le métier de « bonne sœur » et les activités qui l'accompagnent (cuisine, buanderie, ménage, soin des poules, couture…). J'éprouve quelques problèmes avec la directrice qui est dérangée par mon caractère entier et ma franchise peut-être parfois un peu rustre. Et surtout, elle ne croit absolument pas à ma vocation et se demande bien pourquoi je perds mon énergie à poursuivre ce programme de formation. Ainsi, lors de mon admission à la profession de religieuse, plutôt que de m'annoncer que je suis acceptée, elle me convoque dans son bureau pour me demander pourquoi je m'obstine alors qu'elle ne perçoit en moi aucune vocation de sœur.

Peu m'importe. Après plus de deux ans au noviciat, j'entre enfin chez les missionnaires de l'Immaculée-Conception. Je suis, ce jour-là, la plus heureuse du monde. Nous sommes le 11 février 1967. J'ai dix-neuf ans.

D'abord affectée à des tâches ménagères, je suis ensuite initiée au travail de préposée à l'infirmerie, ce qui me permet de me rapprocher des malades. Je leur rends service, viens les réconforter, leur donne le bain et des soins de base... jusqu'à ce qu'on me propose de suivre une formation pour devenir infirmière. J'accepte sans hésiter de m'engager dans cette voie. Après avoir complété, en accéléré, quelques cours prérequis au programme de techniques de soins infirmiers, je serai admise au Cégep[1] de Saint-Laurent. Lors des trois années suivantes, en plus de suivre mes cours, j'effectuerai plusieurs stages prévus au programme dans des hôpitaux de Montréal. Sans répit, je me consacre entièrement à mes études.

Malgré les réticences de mes supérieures qui ne voyaient pas en moi une sœur modèle, les réserves de ma famille et les difficultés que j'ai dû surmonter, j'ai réussi mes examens de licence d'infirmière, obtenant même des résultats inespérés qui m'inciteront ensuite à réviser les prédictions de mon enfance, lorsque je détestais les études et que mes maîtresses en rajoutaient dans leurs mauvaises appréciations. Terminé le temps où j'étais la

1. Collège d'enseignement général et professionnel.

dernière de la classe. Ce fut pour moi une belle façon de réaliser mon rêve : devenir infirmière.

*
* *

C'est le début d'une ère nouvelle : le ministère de l'Éducation, créé en 1964, prend désormais en charge cette discipline, autrefois chasse gardée de l'Église. Commence alors la démocratisation du système scolaire et de ses structures, l'accessibilité d'un plus grand nombre à la maternelle, à l'école primaire et secondaire, et même aux études supérieures.

Du coup, il y a moins d'admissions au couvent et beaucoup d'abandons une fois l'engagement pris. Les communautés religieuses doivent s'ajuster à un phénomène nouveau, le mouvement de laïcité au Québec, et tenir compte des nombreuses interrogations sur les structures institutionnelles et les modes de vie en communauté. La confusion au sujet du célibat consacré, la perte graduelle des valeurs religieuses et du sens du sacré influencent fortement cette époque. Un mouvement, celui de la Troisième Voie, a surgi, incitant les religieux, religieuses et prêtres à s'adonner à des gestes de tendresse et à des relations plus chaleureuses[1], sous

1. Excluant néanmoins l'acte réservé à l'engagement matrimonial.

prétexte que c'est essentiel à l'épanouissement humain. Par exemple, lors d'une fête de Noël réunissant des religieuses et des prêtres, à laquelle on m'a invitée pour jouer de l'accordéon, je suis bouleversée par le comportement des participants. Dans une salle aux lumières tamisées, les invités se retrouvent en couples et se permettent des rapprochements que je considère non conformes à leur choix de vie. Pour moi, tout cela est surréaliste. Abasourdie, je choisis de quitter les lieux. Je me sens étouffer, comme si je sortais d'une maison en flammes. Une fois à l'extérieur, je respire à pleins poumons, heureuse de me retrouver loin de ce désordre. De beaux flocons de neige tombent en douceur.

Je retrouve ma paix intérieure en admirant la beauté de l'hiver.

Avant l'admission à la profession perpétuelle, il est de coutume d'envoyer les candidates un peu dissidentes à des évaluations psychologiques. Évidemment, je n'en fus pas exempte ! Cela dit, malgré les rapports défavorables de ces évaluations, nous avons toutes poursuivi notre route en communauté. À vrai dire, ce qui compte, c'est l'intérieur. Les apparences sont souvent trompeuses.

*
* *

J'ai finalement prononcé mes vœux perpétuels le 23 août 1976, à vingt-neuf ans. Le moment était venu pour moi de m'engager définitivement dans la vie de religieuse missionnaire.

Le matin de ce grand jour, que j'ai préparé à ma façon dans la salle à manger du couvent, je suis à nouveau soumise à l'épreuve. Fidèle à ses croyances, la sœur supérieure est venue m'exprimer son désaccord sur le fait que je fasse profession perpétuelle. Selon elle, je n'ai pas la vocation et il est encore temps de renoncer. Elle croit sans doute que j'abandonnerai très vite, mais je poursuivrai, conformément à l'appel que je porte.

La cérémonie est belle et simple, ponctuée de chants et de moments de partage. La fête se poursuivra autour d'un repas avec ma famille. Beaucoup de joie et de paix en ce moment privilégié de ma vie.

DEUXIÈME PARTIE

Missionnaire à toute heure

– 1 –

Le grand plongeon

Depuis toute petite, quand je courais dans la nature, je rêvais d'aventure avec un grand A, d'un devenir plein de succès. Désormais, tous ces désirs deviennent concrets. Je pars bientôt pour le Pérou puis la Bolivie, là-bas, très loin des miens. Je suis excitée et effrayée à la fois. Je doute beaucoup. Il est peut-être présomptueux de vouloir voler aux secours des plus démunis, de jouer les Robin des Bois.

C'est dans ces moments de remise en question que je me réfugie dans la foi et la prière. C'est ma façon de me calmer et de retrouver les bases de ma vocation. Je veux aider les plus démunis. Et au diable ces craintes !

*
* *

Ma supérieure générale[1] m'affecte en Bolivie pour ma première mission, après un passage d'un mois au Pérou. Je ne connais pas l'Amérique latine et je suis alors à mille lieues d'imaginer le défi qui m'attend.

Je quitte donc mon Québec natal, le sourire aux lèvres mais le cœur serré. Nous sommes le 29 décembre 1976, à l'aube d'une nouvelle année, l'aube d'une nouvelle vie. Le voyage est long. Je repense à mes parents, silencieux lors de ma dernière visite. Les paroles de mon père hantent encore mon esprit.

– Pauvre petite fille, tu t'en vas dans la misère.

Ma mère, elle, a tourné pudiquement la tête pour cacher ses larmes. Et d'une voix éteinte et résignée, elle a concédé :

– Puisque cela semble être son choix…

---

1. Dans les communautés religieuses comme les MIC, les supérieures majeures regroupent la supérieure générale, qui est l'autorité suprême pour toute la communauté à l'échelle mondiale, ainsi que quelques supérieures provinciales qui, elles, se voient confier la responsabilité de grands territoires appelés « provinces ». Par exemple, il y a une seule supérieure provinciale pour toute la province de l'Amérique du Sud.

Je passe la nuit à regarder le ciel par le hublot de l'avion, comme une enfant qui découvre l'univers. Je contemple les étoiles et je prie…

L'atterrissage se fait à Lima, capitale du Pérou, après dix heures de vol, et je constate que j'arrive dans un monde nouveau, pauvre et en lutte pour sa survie. En route, de l'aéroport vers le couvent, je vois des réalités pénibles. Des petites résidences de fortune et des enfants à la rue, le visage triste, attirent mon attention. J'ai un choc culturel. Je ne pensais pas qu'il pouvait y avoir tant de privations sur la Terre.

Arrivée à la Maison, je salue des consœurs que je connais déjà. Je les vois heureuses, comme si elles étaient nées là. À peine installée, je décide de partir à la rencontre de mon ennemi : la misère. Je veux la connaître, l'appréhender pour mieux la combattre. Je me vois comme une boxeuse, j'ai soif d'affronter cet adversaire, je me sens armée pour. Quelle ambitieuse je suis ! L'innocence de mes trente ans sans doute. L'adversaire est de taille, redoutable, pervers – je le comprendrai bien plus tard. Avec une des sœurs, nous prenons un autobus bondé. On étouffe, je manque d'air, je vais m'évanouir mais je résiste. Découverte des bidonvilles, des enfants couchés par terre, parmi les déchets.

De nombreuses familles vivent entassées dans de petites chambres noires qui donnent sur un couloir de terre battue. Au fond du couloir sans toit, un tout petit évier et un cabinet de toilette ouvert au public. Les enfants sortent de là avec une chemise ou une blouse d'un blanc immaculé pour se rendre à l'école. Je n'arrive pas à croire ce que je vois. Comment des personnes peuvent-elles continuer à vivre dans des conditions aussi précaires ? C'est inhumain. Comment Dieu peut-il supporter ça ?

Dès le lendemain, je pars découvrir le marché populaire. J'y vois de nombreux gamins, l'air abandonnés, visages fermés, sourires disparus, qui évoluent dans des conditions « infrahumaines ». J'ai mal, je sens mon cœur se serrer, je réalise tout à coup que je côtoie l'extrême pauvreté. Je me dis que je ne pourrai pas poursuivre ma mission. Et impossible de partager ce que je ressens. Mes consœurs, elles, semblent être heureuses, proches de tous.

Je m'interroge sur tant d'injustices. Au Québec, j'avais côtoyé ce que nous appelons la pauvreté, mais c'est sans commune mesure avec ce que je découvre ici. Cette misère est inimaginable pour moi. J'ai l'impression d'être sur une autre planète.

Au marché populaire, les odeurs pestilentielles sont à la limite du supportable et les mouches traînent autour de la viande et du poisson. J'ai la nausée en permanence, j'ai chaud puis j'ai froid. Je ne suis plus qu'un corps en tourmente. Je me sens étouffée par la pollution, respirant de la poussière et du gaz à plein nez. Les autobus et les voitures crachent une fumée épaisse et noire. Les enfants ont l'air malades. Que puis-je faire pour eux ? C'est la première fois de ma vie que je me retrouve plongée dans la réalité du tiers-monde. Et je n'ai qu'une envie : retourner chez moi. Fuir, oui, fuir…

*
* *

Pendant ce séjour d'un mois à Lima, en transit avant la Bolivie, pour me protéger et avancer je décide d'adopter une attitude de survivante. Bien que j'écrive des lettres rassurantes à ma famille dans lesquelles je leur explique que tout se passe bien, que je suis heureuse, la réalité est très différente. On me présente des personnes ravies de rencontrer une nouvelle sœur, je les salue comme une momie. J'ai toujours les images du marché populaire en tête. Je trouve cette réalité inacceptable et injuste. Mais les gens sont tellement courageux.

Ce premier épisode en tant que missionnaire constitue pour moi une épreuve initiatique que je considère comme étant au-dessus de mes forces. J'en arrive même à souhaiter que la fin du monde arrive afin que cette détresse cesse. Cet univers que je découvre est bien au-delà de tout ce que j'avais pu imaginer, moi la petite fille venant d'une partie du monde considérée comme riche. Où est l'équilibre ? Mes professeurs de géographie nous ont toujours présenté Lima comme une ville opulente et luxuriante, et je découvre le contraire.

Ma foi tangue. Je ne peux plus vivre dans ces réalités qui ne tiennent pas debout. Ça fait trop mal de voir les gens dans une telle misère. Je souffre mentalement et physiquement. Il m'est même de plus en plus difficile d'entrer dans ces églises bondées de fidèles.

J'attrape une grosse grippe accompagnée de fortes fièvres qui me clouent au lit et me forcent à rester enfermée dans ma chambre, essayant d'oublier ce que j'ai vu. Je ne me sens pas à la hauteur de mon rôle de missionnaire. Comment surmonter tout ce dénuement et ce désespoir sans perdre pied ? J'essaie de réfléchir seule, avec l'aide de ma foi. Pas facile…

Je ressens lors de cette première étape dans ma vie de missionnaire l'écart entre l'idéal et la réalité. Tout être humain aspire à une existence sans épreuves et souhaite être heureux.

Nos envies se situent à trois niveaux :

– le bien-être physique (santé, confort, plaisir) ;

– le bien-être affectif (le respect, la vérité, la liberté, la fidélité, la sécurité intérieure) ;

– enfin, nous souhaitons profondément la vie et l'amour, la justice, la plénitude, le succès…

Même si la souffrance et la mort ne correspondent pas aux aspirations de l'humain, ces réalités font inévitablement partie de la condition humaine.

Je vais passer trois jours à Ancon, dans un chalet de missionnaires canadiens, situé au bord du Pacifique avec la mer à perte de vue. Cela me change : j'y côtoie de riches Péruviens. Quelle vie ! Les femmes passent leur journée à se faire bronzer, alors que les enfants sont confiés à des gardiennes. Elles jouent avec eux, les surveillent et les nourrissent. Mais après trois jours à peine, je n'en peux plus de voir cette bourgeoisie quand tant de pauvres demandent la charité. Où est l'équilibre dans tout cela ?

La lumière apparaît enfin au bout de quelques jours. Je récupère mes forces physiques et psychologiques. Et je me dis que je dois m'appuyer sur l'appel intérieur pour surmonter mes états d'âme et retrousser mes manches. Seule l'action me permettra de mettre fin à mon état anxieux.

– 2 –

La Bolivie, dure réalité

Ébranlée par ce premier mois passé à Lima aux côtés d'un peuple en voie de développement, je quitte le Pérou en avion pour La Paz, capitale bolivienne, où je suis en transit. Je retrouve là des détresses humaines déjà croisées à Lima et, en plus, la haute altitude me coupe le souffle et me serre le cœur. Comme cette ville est nichée à presque quatre mille mètres d'altitude, l'oxygène y est rare. Comment survivre dans de telles conditions lorsqu'on a passé, comme moi, les trente premières années de sa vie au niveau de la mer ? Mon cœur souffre. Je me souviens de ma mère qui me disait, quand j'étais petite : « Attention à ton cœur ! »

À mon arrivée au couvent, je dois monter quatre étages. Ma tête est sur le point d'exploser, je souffle aussi fort qu'un moteur d'avion. À nouveau, je manque d'air. Je ne peux ni parler ni me restaurer. Mes forces me quittent, je ne peux plus lutter. J'ai l'impression que je vais mourir... Heureusement, les missionnaires qui m'accueillent ont l'habitude de ces réactions violentes chez les personnes venant de la plaine. C'est pourquoi elles disposent de masques à oxygène qui leur sont réservés.

En partie soulagée, je dois me préparer pour mon voyage du lendemain. On m'annonce que dès l'aube je pars en Jeep pour Irupana, le lieu de mon affectation. Huit heures de route sur des chemins cahoteux en haute montagne pour me rendre enfin à destination.

Pour atteindre Irupana, il faut passer la « *cumbre* », le sommet, à 4 724 mètres d'altitude. La route, à flanc de montagne, est très étroite. D'un côté, un précipice de plus de mille mètres qui donne sur une jungle dense. De l'autre, des rochers en surplomb qui nous guettent comme une épée de Damoclès, toujours prêts à se détacher pour venir nous engloutir. Nous sommes sur la route la plus dangereuse du monde, la plus mortelle. Tout au long du trajet, Gisèle, ma consœur, m'indique une foule de petites croix de bois. Elles marquent les lieux où des personnes sont tombées dans le précipice. Ces centaines de croix rappellent que nous avançons constamment sur le bord de la mort. La vie ne tient qu'à un fil. Quelle aventure !

Gisèle conduit à bonne vitesse. C'est plein de courbes et de précipices. Malgré les beaux paysages, j'ai cette impression que, quoi qu'il advienne, ce sont mes derniers instants de vie. Soit nous tombons au fond d'un grand ravin qui longe la route, soit je ne survis pas au malaise de l'altitude.

En arrivant enfin à Irupana, je n'ai pas vraiment le temps de me reposer des conditions extrêmes du voyage que je viens d'effectuer. Je ne connais ni la langue (l'espagnol), ni la culture des personnes que je croise ici.

Je visite le petit hôpital où je vais travailler désormais en tant qu'infirmière.

Ma première surprise vient du sourire des gens. Ils souffrent, ils sont malades, parfois condamnés, mais dès que vous leur accordez un peu d'attention, leurs visages s'illuminent. Je suis sidérée par le sourire d'une femme, pourtant dans un état grave, une maman de cinq enfants qui vit dans le haut des montagnes. Son corps n'est fait que d'os et de peau. Et elle est radieuse ! Je ne peux m'empêcher de la regarder, éblouie par son éclat. Elle est tellement belle.

À la sortie de l'hôpital, un enfant grièvement brûlé est couché sur une civière posée au soleil pour faire guérir ses plaies. Dès que quelqu'un s'approche de lui, il s'agite de joie et tout son visage s'illumine. Je ne vois plus ses cicatrices. Il est là et j'ai la chance de le rencontrer. J'ai l'impression que chaque pas que je fais me permet de découvrir un être que je ne connaissais pas et qui est mon frère ou ma sœur. C'est peut-être pour ça que je suis venue en Amérique du Sud : pour rencontrer ces personnes.

C'est en les admirant et en les aimant que j'en viens, peu à peu, à me sentir chez moi. De toute façon, je suis ici en mission pour cinq ans, je dois m'y faire et offrir le meilleur de moi-même.

En quête d'un peu de réconfort, je fixe l'horizon et j'écoute les bruits tout autour de moi. Quel paysage ! Le soleil brille, les montagnes sont d'un vert qui invite au calme et à la paix. Dehors, j'entends les coqs, les brebis, les cris des enfants...

Les agriculteurs travaillent la terre avec leurs outils de fortune, les hommes avec leur chique de coca, les enfants pieds nus, tout joufflus, la peau tannée par le soleil. Les femmes portent le dernier-né sur leur dos. Les moutons et le chien les suivent fidèlement.

*

* *

Un homme arrive au petit hôpital de brousse en courant.

– Mon enfant s'est fait heurter par une voiture, près de l'église et le *padre* n'est pas là !

Une consœur me lance les clés de la Jeep et me dit :

– Vite, Marie-Paul, va le chercher !

Je suis désemparée, je n'ai jamais conduit de véhicule avec une boîte manuelle. Je dois faire vite et bien, en me souvenant de la façon dont on conduit un tracteur, comme lorsque j'étais adolescente à la ferme familiale.

Je réussis à partir avec la Jeep et à parcourir, comme je le peux, le petit kilomètre qui nous sépare de l'accident. L'enfant blessé hurle sa douleur, mais nous réussissons à le charger sur la plateforme arrière de notre véhicule. Nous le ramenons à l'hôpital où il peut être pris en charge et soigné. J'ai réussi ma première mission d'ambulancière. Je ressens pour la première fois depuis longtemps un sentiment de plénitude et de bien-être. Je suis fière de moi. Je sers enfin à quelque chose…

Ma deuxième expérience d'intervention est bien plus difficile. Au lever du jour, je dois partir de toute urgence au volant de la même Jeep, que je ne sais toujours pas vraiment conduire, avec une infirmière très expérimentée, Juliette, pour des complications liées à un accouchement. Il nous faut traverser des rivières sur une petite route escarpée en plein milieu de la jungle ; c'est l'aventure... celle que j'ai tant recherchée. Pourtant, je me sens toute petite et complètement dépassée par la mission qui m'attend.

Arrivées sur les lieux après des heures de voyage, nous entrons dans une maison typique : juste une petite fenêtre dans l'entrée, le sol en terre battue, les murs construits en matériaux bruts. Une femme nous conduit dans l'unique chambre, toute petite, à côté de la pièce principale. Il fait noir. Il n'y a pas de fenêtre. Je suis immédiatement saisie par l'odeur fétide de ces lieux fermés.

Juliette agit comme une obstétricienne. Ses compétences m'épatent. Elle me demande de l'éclairer avec une lampe de poche. Rapidement, elle établit un diagnostic :

– Le bébé est mort. Il faut le sortir pour sauver la mère.

Elle réussit à aller chercher la tête du bébé qui est enflée, blanche, le cordon autour du cou et sans vie. Je suis née ainsi, me dis-je. Sauf que là, le bébé ne peut être sauvé.

Tout à coup, je me sens très mal. Laissant la lampe par terre, je sors en courant. Je me tiens la tête, en sueur, le cœur affolé. Une jeune femme vient me laver le visage à l'eau qu'elle puise dans un puits près de la maison. Quelle humiliation pour une missionnaire qui doit être capable de surmonter toutes les épreuves de la vie !

Je suis obligée de m'arrêter un instant pour affronter cette réalité douloureuse qui me frappe de front. Je me sens impuissante et sans force. Pour faire face à cette situation, je me concentre sur ma respiration. J'inspire la vie et j'expire la mort... Et je regarde le ciel bleu, les montagnes, l'horizon, la moindre petite fleur. Il faut de belles choses et du plaisir pour se ressourcer.

Notre retour s'effectue entièrement de nuit sur ces chemins étroits et dangereux. Je fixe mon regard droit devant moi pour oublier les précipices que l'obscurité nous cache. Nous rentrons chez nous au chant du coq.

*
* *

Une semaine plus tard, un homme arrive en sueur à l'hôpital, il a couru à travers les montagnes. Il réclame de l'aide pour sa femme enceinte qui est en train de faire une hémorragie. On me demande donc de l'accompagner en voiture pour aller chercher son épouse et l'emmener à l'hôpital. L'homme vient avec moi et m'indique le chemin.

D'autres personnes qui ont besoin d'aller dans la même direction se joignent à nous. En mission, on ne voyage jamais seul. Nous offrons à tous l'occasion de profiter d'une place dans la voiture. Et on considère qu'il y a toujours de la place, même accroché à l'extérieur des véhicules. Il ne faut surtout pas calculer le nombre de passagers, c'est renversant ! L'unique chance de bien voyager, c'est d'être le conducteur car il est le seul à avoir assez d'espace pour respirer. Mais quelle responsabilité ! Les chemins sont des sentiers à flanc de montagne. La voie, à peine de la largeur d'un véhicule, ne permet souvent pas de se croiser. Lorsqu'on se retrouve en face d'une autre voiture, la plus petite doit reculer jusqu'à l'un des rares endroits où les croisements sont possibles.

Après une heure de route, me sentant déjà épuisée, je demande au mari de la femme enceinte si sa maison est encore loin, en parlant avec mes mains pour me faire comprendre. L'homme m'indique « cinq » avec ses doigts. Encore cinq heures de route ! Et dire qu'il vient de couvrir toute cette distance en courant. J'ignore alors que des sentiers permettent de couper à pied à travers les montagnes.

Trois heures plus tard, nous nous retrouvons bloqués par un éboulement. La route est purement et simplement fermée. On m'explique que lorsque ce genre d'événement se produit, il faut attendre des heures, parfois des journées entières avant qu'un tracteur ne vienne sur les lieux pour enlever les pierres. Mes passagers de fortune décident donc de continuer à pied. L'homme qui m'accompagne leur confie un message à l'intention de sa femme pour l'avertir qu'il est en route avec la Jeep des *madres* et qu'il la rejoindra sous peu.

Les gens parlent tous en même temps et je ne comprends rien. Nous sommes partis d'Irupana à midi trente et il est déjà 5 heures de l'après-midi ! Il nous reste plus d'une heure de route. Arriverons-nous à temps pour délivrer cette femme ? Comment vais-je faire pour rentrer à Irupana, de nuit, par ces chemins bordés de précipices ? Je me sens prisonnière de la nature.

Mais finalement, nous avons de la chance dans notre malheur, car à peine deux heures plus tard, un tracteur apparaît. Comme des débris de la montagne continuent à tomber, cela nous prend encore deux heures avant de pouvoir passer.

À 11 heures du soir, enfin, nous reprenons la route. En chemin, nous embarquons encore quelques piétons qui marchent au clair de lune.

Mais le périple n'est pas terminé. Quelle galère ! Nous traversons encore quatre rivières avec un puissant courant. Chaque fois, l'eau monte au-dessus des roues jusqu'à entrer dans le véhicule.

Après une heure de route dans ces conditions difficiles, nous échappons à une autre catastrophe. Tout juste après le passage de notre Jeep, la montagne s'écroule à nouveau. Je vois dans le rétroviseur des roches d'un mètre cube venir se fracasser sur la route que nous venons d'emprunter. Le bruit sourd qui résonne dans toute la vallée et le gigantesque nuage de poussière confirment qu'il s'agit bel et bien d'un éboulement.

« Merci à la Vie ! Nous sommes encore vivants. » Les passagers qui viennent de prendre place avec nous dans la Jeep crient à pleins poumons : *« Dale madre ! »* J'ai compris ce que ça voulait dire : « Allez-y, *madre*. Plus vite ! »

Je sais maintenant que ces violents éboulements de montagne n'avertissent pas et peuvent se produire à n'importe quel moment.

Vers minuit et demi, l'homme s'écrie :

– *Ya madre.*

Je crois comprendre qu'on est bien arrivés. Mais non, c'est une fausse joie. Nous ne sommes qu'au début d'un long sentier qui mène à leur demeure.

Il nous faut encore une heure de marche pour parvenir chez eux. Quand nous nous trouvons enfin devant sa maison, l'homme me fait signe d'entrer. La pièce est entièrement plongée dans l'obscurité. Au fond, j'entends un souffle saccadé. L'homme allume une chandelle, c'est alors que je découvre enfin une petite femme étendue sur un lit, plusieurs enfants couchés à côté d'elle, collés les uns aux autres. Comment cette famille peut-elle vivre dans un endroit aussi isolé, si loin du monde ? Mystère.

La situation est compliquée et très urgente. Prise de nombreuses contractions, cette femme est en train d'accoucher, les yeux hagards et le visage en sueur. Je suis bien loin de mes questionnaires types de l'école d'infirmière pour évaluer l'état d'un patient. Je n'ai jamais fait d'accouchement. Je sens des sueurs froides couler le long de mon dos, mais je n'ai pas le choix, je suis obligée de me mettre à l'œuvre, une fois les petits évacués de la pièce.

Je profite d'une contraction pour pousser sur le ventre afin de faire sortir le bébé. Je me rappelle à quel point cette technique est risquée, mais je dois assurer la naissance de cet enfant le plus rapidement possible car les signes de détresse sont évidents. Je répète plusieurs fois le même processus et, finalement, l'enfant arrive. Après lui avoir administré les premiers soins, je le confie à ses parents et, avec mon langage des mains, je les supplie de bien le surveiller. Ils semblent surpris de ma demande.

Ne pouvant effectuer le trajet de retour de nuit, je reste dormir sur place, sur le siège arrière de la Jeep. Deux jeunes gens m'accompagnent et prennent place à l'avant du véhicule pour assurer ma protection. Dès les premières lueurs du jour, je repars vers mon hôpital.

*
* *

Jeune infirmière diplômée du Québec, je dois apprendre à devenir une infirmière tout-terrain, prête à m'adapter aux différentes situations alors que je ne parle pas encore l'espagnol. Nous allons régulièrement visiter des populations en Jeep et nous couchons alors dans des conditions souvent très sommaires. À l'hôpital, j'apprends beaucoup et j'adopte peu à peu le mode de vie très exigeant d'une missionnaire de brousse.

C'est à partir de ces années de mission, que, étant confrontée à tant de misères humaines, je commence à développer de façon empirique des outils d'intervention pour mieux accueillir les épreuves et y faire face. Je ne veux plus sombrer, j'effectue ma propre psychanalyse. Je sens qu'il faut que j'apprenne au plus vite l'espagnol pour maîtriser toutes les étapes de ma mission.

Je quitte donc la brousse pour aller vivre à La Paz. Là-bas, j'obtiendrai aussi mes papiers de résidence. Le quotidien me rattrape, mais je dois passer par cette étape. Je vais travailler à l'« *hospital del Niño* », l'hôpital des enfants, un centre de maternité infantile dans l'Altiplano. Pour m'y rendre, je marche pendant plus d'une heure à travers les ruelles d'un quartier populaire. Chaque jour, j'assiste à un grand spectacle de désolation. Le matin, les gens vident les pots de la nuit sur le bord de la rue, c'est un puisard à ciel ouvert, sale et malodorant. L'altitude, la pollution et ces odeurs nauséabondes m'affectent beaucoup.

Bientôt, je quitte La Paz pour Cochabamba dans la vallée bolivienne, où je travaille également dans un hôpital *materno-infantil*. À mon arrivée, je me sens légèrement mieux, mais cette amélioration de mon état de santé est de courte durée. Je tombe malade comme jamais : j'attrape une typhoïde qui n'est, hélas, pas diagnostiquée à temps. Mon état s'aggravant très vite, des complications surviennent et je dois me faire opérer de toute urgence dans une petite clinique sur place.

L'opération est particulièrement difficile. Il faut me ranimer trois fois : mon organisme ne tolère pas les produits anesthésiants. Des cathéters me sortent du corps et tombent dans une espèce de petite bassine ouverte qui ressemble aux seaux en aluminium que nous avions à la ferme pour traire les vaches. De nombreuses transfusions m'endommagent les veines. Des phlébites et trombo-phlébites aggravent encore mon état de santé.

Après deux ans passés là-bas, dans un état de grande faiblesse, je dois retourner au Québec afin d'y recevoir des soins plus spécialisés. Question de survie !

*
* *

Malgré la tristesse de quitter la Bolivie, quel soulagement de retrouver ma terre natale et tous mes proches ! Je reprends goût au confort, si simple soit-il. Très vite rétablie, je travaille pendant plus d'un an à l'infirmerie de ma communauté à Laval, en banlieue de Montréal. Après tous les malheurs auxquels j'ai été confrontée, les petits soins à dispenser au Québec m'apparaissent d'une grande simplicité.

Très vite, mon désir de retourner à la vie missionnaire resurgit. Je sens que ma place est avec tous ces gens dans le besoin et la misère. L'appel est le plus fort, c'est là-bas que je dois vivre et progresser.

– 3 –

Baures, la révélation

Je retourne en Bolivie en 1981, où je suis appelée à remplacer une sœur pour une nouvelle mission dans un petit village au fin fond de la brousse à l'est du pays, Baures. Nous sommes trois sœurs à être affectées là-bas.

Pour nous y rendre, nous devons prendre un vol pour Trinidad, la capitale du département du Beni, accessible uniquement par les airs. Ensuite, nous monterons à bord d'un petit avion militaire, un Tam, qui nous conduira jusqu'à Baures.

Mais l'avion pour notre destination finale se fait attendre plusieurs jours. Chaque matin, nous allons à l'aéroport avec nos bagages, espérant avoir enfin l'occasion de nous envoler.

L'attente à Trinidad est longue. Mes premiers pas en Amazonie bolivienne se font… à moto, l'automobile étant ici d'une grande rareté. Il me faut apprendre à monter sur une moto-taxi avec trois ou quatre valises, en plus de deux sacs à main.

En guise d'amusement local, chaque après-midi, la place principale se transforme en une vaste piste de course motocycliste. Le vrombissement aigu et strident de ces motos en furie, quand les fenêtres de notre habitation sont ouvertes, est insupportable. Ce supplice dure souvent près de deux heures, mais tous ces mouvements et tout ce bruit font partie des « enchantements » de la *selva*[1] bolivienne.

Notre principale activité apostolique quotidienne consiste à guetter la moindre trace d'un avion dans le ciel bleu bolivien. C'est une belle occasion pour nous de fraterniser avec les gens qui doivent voyager avec nous. À la tombée du jour, nous revenons en moto-taxi au centre diocésain, avec l'espoir de nous envoler le lendemain.

Ces journées représentent des moments mémorables dans ma formation de missionnaire. Il faut attendre et observer. À temps plein, je contemple les nuages, le mouvement des avions, les départs et les arrivées. Je vois des expressions de joie et de peine, de l'espérance, de la déception chez des gens qui attendent l'avion pour atteindre leur desti-

1. Région tropicale d'Amérique du Sud.

nation. Nous formons une famille. Quand parfois l'orage arrive, on se couvre avec de grands sacs en plastique. La piste d'atterrissage devient peu à peu notre deuxième demeure. Les poules entassées dans des sacs troués et les paniers de légumes font partie des bagages. Les valises servent de fauteuils et de lits pour la sieste. Le repas du midi se résume souvent à un sandwich au fromage.

Après plus d'une semaine d'attente, le « Tam » arrive enfin. Et surprise : c'est un petit avion militaire en forme d'œuf. Je suis renversée par tout ce que nous projetons d'embarquer dans ce petit appareil. J'ai l'impression que le volume des passagers ajouté à celui des bagages représente au moins le triple de la capacité maximale de l'avion.

Après avoir placé les bagages au centre de l'appareil, l'équipage, composé de deux militaires, invite les passagers à prendre place autour. J'avoue ne pas supporter d'être poussée, coincée au milieu de personnes serrées les unes contre les autres. Plus je regarde les passagers monter dans l'avion, ou « s'entasser dans la porte » pour être plus précise, plus je recule vers l'extérieur, de telle sorte que mes deux consœurs ont déjà embarqué alors que moi, je reste toujours dehors. Il n'y a plus de place, mais les militaires contraignent tellement les passagers à se tasser davantage qu'ils parviennent à me faire entrer dans l'avion et ferment la porte juste derrière moi. Compte tenu du manque d'espace, la porte, attachée avec des câbles, n'est plus étanche, il y subsiste une ouverture d'au moins trois centimètres. C'est ma chance finalement, elle me permet de respirer de l'air frais tout le long du voyage. Après une heure de vol, nous atterrissons à Huacaraje, petit village amazonien, pour notre première escale.

Les mêmes procédures de débarquement et d'embarquement sont appliquées. Les uns étant parvenus à destination, de nouveaux passagers les remplacent. Ma chance se poursuit, je garde la même place collée à la porte, ce qui me permet à nouveau de respirer un peu.

Mais tous ces désagréments du voyage sont bien vite oubliés lors de notre arrivée à Baures. Faisant littéralement partie de la porte de l'avion, je suis la première à descendre, la première à profiter du merveilleux spectacle qui nous est offert. Nous sommes accueillis par une mer d'enfants, les yeux ébahis, rivés sur l'avion. La population locale nous souhaite la bienvenue avec ses instruments de musique de fortune. Dès le premier coup de tambour, tous les enfants se mettent à crier avec joie un chant dans leur dialecte amazonien local. Les hommes s'empressent de boutonner leur chemise, les femmes, debout à l'arrière-plan, regardent timidement ce qui se passe. Cet accueil est à l'image de la simplicité des lieux, et grandiose parce qu'à la mesure du cœur de ce peuple.

*
* *

Ne disposant pas encore d'une maison pour nous, nous sommes hébergées au centre paroissial. Trois petits lits ont été installés par le curé dans une pièce qui lui sert de dépôt. Ce sera notre demeure, en attendant que la maison destinée aux « sœurs » soit rénovée. Logées sur un coin de rue, les fenêtres fermées par de simples moustiquaires, nous sommes constamment mêlées à la vie du quartier. Très vite, nous devenons les *madres* du village… les gens n'ont qu'à nous appeler et nous rappliquons. Pour nous, le quotidien est spartiate : pas question de défaire ses bagages, le strict nécessaire suffit. Pour chacun de nos repas, une famille du village nous accueille et prend soin de nous. Nous partageons ces instants avec les chiens, les poules et les petits cochons qui habitent aussi dans les maisons. Spectacle original. Je mange de moins en moins, une banane ou un pamplemousse cueillis sur un des arbres du village deviennent mon repas préféré.

Rapidement, parce que je considère que cela fait aussi partie de mon rôle d'infirmière missionnaire qui est de venir en aide à la population locale, je commence à donner des cours d'éducation sexuelle. Ici, comme au Pérou, j'ai constaté que des jeunes s'adonnent à l'alcool et au sexe. Des jeunes filles se retrouvent enceintes. Devant cette situation terrible pour les proches, elles ne savent pas comment réagir et des avortements artisanaux se pratiquent avec des conséquences parfois dramatiques.

Au sein des familles les mieux nanties, certaines sont envoyées en ville et subissent également les conséquences de leur ignorance. Dans ces familles patriarcales au fonctionnement très machiste, les adolescentes sont les premières victimes de l'honneur et de la fierté de leur père ainsi que de l'ignorance des règles de base d'une sexualité épanouie.

Après quelques mois, mes deux consœurs et moi pouvons aller habiter la maison qui nous était destinée. C'est une grande joie de pouvoir enfin établir notre chez-nous. Là aussi, la maison est située à l'angle d'une rue. Nous pouvons facilement suivre les démêlés du voisinage. Nous avons un grand jardin avec des pamplemoussiers. Étant végétarienne, je peux me régaler d'une bonne collation aux fruits. Les autres repas se limitent à des bananes et du riz. Les légumes sont rarissimes et très dispendieux ; la terre est infestée de fourmis. Les trafiquants de drogue apportent en avionnette, à l'occasion, des boîtes de légumes et des caisses d'alcool brut pour les petits commerçants de la place.

*
* *

Le territoire de la mission est immense, sans autre route que de petits chemins ou des rivières que nous parcourons en chaloupe, à dos de cheval et même à pied. Nous devons parfois partir des jours, voire des semaines, à la rencontre des différentes populations à travers la jungle.

Mon quotidien à Baures ne ressemble en rien à tout ce que j'avais pu imaginer jusque-là. Je suis loin de mon monde et de mes repères, dans une vie solitaire à aider des personnes courageuses qui se retrouvent dans des situations désespérantes. Mes journées passent beaucoup trop vite. Du premier chant du coq au lever du jour à la sonnerie des cloches le soir pour l'heure de la prière, je ne vois pas le temps passer, partageant mes activités en moments consacrés aux jeunes, aux futures mamans, à des couples, aux gens de la rue… sans oublier le temps particulier que je garde pour m'intérioriser.

Je vis deux Noëls à Baures et cela ne ressemble en rien, là non plus, aux Noëls que j'ai connus dans le passé. Auparavant, je voyais peu d'enfants et beaucoup de cadeaux en ce jour de fête. À Baures, je vois beaucoup d'enfants, mais pas de cadeaux ! Je me retrouve dans une humble église de brousse devant une boîte de carton déformée, des feuilles de bananier et un Enfant Jésus décoloré avec les années qui est couché dans la crèche. Le plus beau dans tout cela, c'est de voir le regard des enfants qui s'approchent, les yeux pleins de lumière. Ils savent bien, eux, que c'est leur fête. Le simple fait de donner un baiser à l'Enfant Jésus est pour eux un très beau cadeau. Puis, lors de la célébration, les enfants chantent avec leur cœur, encore plus fort que les adultes.

Mais juste après la célébration, terminé les regards pleins de lumière. Pendant que les enfants pleurent à la maison, les adultes se réunissent dans quelques habitations du village et font la fête. Ils s'enivrent au son des tambours et sur de la musique « pop » qu'ils écoutent à tue-tête en dansant toute la nuit.

Le lendemain de l'un de ces Noëls, je rencontre un bambin seul, nu, sale, dégoulinant de sueur et pleurant sous le soleil brillant du Beni. Il a perdu ses parents et est élevé par sa grand-mère. Elle s'occupe de tellement de petits chez elle qu'elle ne peut pas savoir que l'un d'eux pleure dans la rue, en plein soleil. Je le prends par la main et lui offre un pamplemousse qui est le fruit même de sa terre. Il est heureux et semble oublier, l'espace d'un instant, qu'il n'a pas de parents.

Être missionnaire à Baures, ça ne s'apprend dans aucun cours. C'est marcher sur leur sol, c'est manger leurs bons fruits, c'est rencontrer Dieu présent au cœur de la solitude, c'est consoler l'enfant qui pleure et visiter la famille démunie.

Le 16 juillet de cette année-là, ce sont les noces d'or de mes parents. Toute la famille est réunie à Sainte-Luce-sur-Mer alors que moi, la surnommée « missionnaire », je suis à Baures. Ce jour-là, j'entends des enfants pleurer encore plus fort que d'habitude. Ces jeunes viennent de perdre leur maman. Elle est morte couchée sur son grabat et démunie… comme elle avait vécu, laissant sa nombreuse progéniture abandonnée à son triste sort. L'aînée, âgée de quatorze ans, en prend la responsabilité. Le père a déménagé au Brésil à la recherche d'une vie meilleure.

C'est quoi, être missionnaire à Baures pendant que ma famille se réunit dans mon village natal pour célébrer les noces de mes parents ? C'est tout simplement… être là sur une terre que je ne connais pas encore, pour dire aux enfants, les adultes de demain, que cette terre est pleine de fruits, pour dire aux adultes de regarder leur terre féconde et leurs enfants qui pleurent… Car chaque jour je console des enfants en pleurs.

*
* *

L'évêque de Trinidad vient à Baures de temps en temps lors de ses visites pastorales. Il réside à chaque fois dans des pièces attenantes à l'église où demeure le curé. J'ai très vite compris comment ces missionnaires survivaient à la rudesse de leur vie. Je les revois, assis autour d'une table à boire de l'alcool fort… Après la célébration de la messe au cours de laquelle l'évêque reproche aux hommes de s'adonner au vice de l'alcool au lieu de travailler, il continue à boire avec le curé. Cela semble être leur façon de célébrer ou de se détendre.

Lors des regroupements de religieuses, religieux et prêtres pour la planification pastorale, nous nous rendons à Trinidad et résidons dans la maison du diocèse. À ces occasions, les irrégularités du monde

« religieux » sont notoires. Nous nous retrouvons devant l'évidence que ces apôtres ont les mêmes problèmes que les personnes qu'ils ont pour mission d'accompagner : le sexe et l'alcool. Il est très clair qu'ils ont du mal à combiner les exigences de leur mission et leurs propres angoisses. Le manque de formation pour bien vivre le célibat est pour moi de plus en plus flagrant.

Devant les besoins et les problématiques observés, je choisis de m'investir dans la santé et dans un certain équilibre de vie au sein même de l'Église. Je crois bon de commencer avec les jeunes en me centrant sur l'organisation des loisirs et la promotion d'une santé sexuelle, ces domaines m'apparaissant les plus urgents. Pour initier mes projets, je me rends à La Paz en avionnette[1] pour solliciter l'aide du gouvernement. Là-bas, j'essaie d'obtenir le soutien matériel d'un organisme destiné à venir en aide aux populations éloignées. Je rencontre même à cette occasion le président bolivien, qui donne l'ordre d'aider la *madre* que je suis.

Pour mon retour à Baures, je suis à nouveau obligée d'effectuer, comme lors de mon premier périple, plusieurs courses et tentatives à l'aéroport

1. Petit avion appartenant à des trafiquants de drogue.

de l'Altiplano à La Paz pour trouver un transporteur. J'ai finalement la « chance » d'embarquer à bord d'un avion utilisé pour l'acheminement de la viande – faute de routes, de vieux avions servent à convoyer des carcasses de bœuf frais. C'est debout, derrière le pilote, que je réussis à prendre place dans un de ces avions vides qui se rendent à Baures pour récupérer un chargement. L'avion atterrira en fin de journée.

Lors de ce périple, je réussis à obtenir le transport gratuit de matériel sportif reçu de l'agence gouvernementale. Je suis tout heureuse d'atterrir à Baures avec des boîtes contenant des balles, des vêtements de sport, des filets de volley-ball, des paniers pour le basket, etc. Cela va me permettre, en plus de mes cours d'éducation sexuelle, de mettre sur pied des clubs sportifs.

Ayant convaincu le maire du village de l'importance du sport, un terrain est alloué par la mairie pour l'organisation des activités sportives. C'est avec des *adobes* (des briques faites de terre et de bouse de vache) et la collaboration des hommes du village, que je parviens à faire construire un « Colisée ».

Ce projet va pouvoir se réaliser grâce à une campagne de conscientisation. Étant donné que le matériel de construction est constitué d'éléments de base accessibles à tous (l'eau du puits, de la terre et des excréments d'animaux), le tout séché au soleil, je demande à chaque famille de fournir un minimum de cinquante *adobes*. Une fois ces briques déposées à l'endroit et dans les délais prévus, il nous faut construire la muraille pour fermer ce grand terrain sportif. C'est essentiel puisque, dans ces régions, il n'y a pas d'enclos et les animaux sont libres de circuler où bon leur semble, laissant leurs déjections partout, à tel point que, chaque matin, les femmes et les enfants doivent nettoyer le devant de leur résidence également érigée au moyen d'*adobes*.

Lors de cette construction, dans le cadre d'une démarche de mobilisation, je vais me faire détester par le propriétaire de la taverne. En effet, j'ai besoin de main-d'œuvre pour construire ce Colisée qui se veut polyvalent. Or chaque matin, un grand nombre d'hommes se rencontrent pour boire ensemble dans ce lieu fermé auquel les femmes n'ont pas accès. Ivres dès midi, ils ne travaillent pas le reste de la journée. Ce sont les femmes et les enfants qui doivent travailler pour assurer le bon fonctionnement de la famille et du village. Pour éviter cet enivrement collectif qui nuit grandement à l'avancée de notre projet, je me rends moi aussi dans ce « trou noir » avant que les hommes soient saouls. En me voyant entrer, stupéfaits, ils crient : « Vive la *madre* Marie-Paul ! », m'invitant à m'asseoir avec eux. Je refuse les consommations qui me sont offertes et ressors avec ces hommes en détresse afin qu'ils nous aident à réaliser la construction attendue.

Après quelques semaines de travaux, le Colisée est enfin terminé ! L'entraide et la volonté ont permis de mener à terme le projet. Je me rends compte, avec beaucoup de bonheur, que les villageois sont fiers de leur création. Ils s'y sentent chez eux. Les jeunes et les adultes pourront s'adonner aux sports et à la danse folklorique.

Les gens viennent au Colisée pour différentes activités. Ils sont libres de s'acquitter de leur droit d'entrée comme ils le peuvent : avec des pesos, du riz, des œufs, des fruits ou des briques pour renforcer l'enceinte.

Après avoir organisé des comités sportifs, musicaux et folkloriques, ce lieu va devenir un endroit privilégié pour les rencontres et le divertissement. Des femmes offrent des limonades au jus de citron et de pamplemousse, ce breuvage sans alcool apprécié de tous.

Pour encourager les jeunes à s'entraîner et les détourner de leur désœuvrement, nous mettons les compétitions sportives à l'honneur. Pour chaque discipline, il y a des équipes d'enfants, d'adolescents et d'adultes. Cela incite tout le monde à pratiquer le sport. Une troupe folklorique, formée de jeunes de douze à quinze ans, est mise sur pied. Les habitants ont grandement besoin d'apprendre à communiquer entre eux avec respect. Ils sont heureux et fiers de surmonter leur timidité en présentant des spectacles savamment préparés. J'ai perdu la considération du propriétaire de la taverne, mais j'ai gagné l'immense bonheur de voir un village se réunir pour réaliser des activités saines pour le corps et l'esprit.

*
* *

Notre nouvelle mission est de réussir à ouvrir le Colisée le soir afin de détourner les jeunes et les moins jeunes de leurs activités nocturnes usuelles. En général, voici comment cela se passe : alors que les parents croient leurs filles parties à la messe, des hommes déjà en couple et beaucoup moins jeunes les attirent pour s'adonner avec elles à des activités sexuelles irrégulières et dysfonctionnelles. Le lieu privilégié pour leurs rencontres est un terrain boisé derrière l'église. Ces activités se déroulent sans la moindre considération ni respect pour les femmes qui ont appris, dès l'enfance, à se mettre « au service » des hommes.

*
* *

Pour parvenir à utiliser notre Colisée en sessions nocturnes et améliorer le confort, nous avons besoin d'installer un système d'éclairage. Pour cela, il nous faut aller chercher de l'aide en dehors de Baures, car il n'y a pas de fournisseurs de système d'éclairage ici.

Chaque village ou *barrio* environnant a sa grande fête annuelle qui correspond au jour dédié à son saint patron. Le calendrier des saints est affiché dans chaque maison… à côté de photos de femmes nues dans des positions lascives, évocatrices, voire pornographiques. Ainsi, dès leur très jeune âge, les enfants reçoivent ce dangereux message : la femme est un objet de consommation. Même dans la jungle bolivienne, la consommation de porno, de drogue et d'alcool demeure un divertissement populaire.

Mais revenons à ces grandes fêtes annuelles des *barrios*. Quelle que soit la distance à parcourir, les sœurs et les curés doivent y aller pour assurer la célébration et la bénédiction, rite indispensable à la réussite de l'événement. Pour la fête du saint patron d'un grand domaine, dont le propriétaire est un riche éleveur de bétail, nous devons, le curé et moi, effectuer huit heures à dos de cheval afin de nous rendre sur les lieux. Panique à bord ! Je n'ai jamais fait d'équitation, mon père n'a jamais voulu qu'on monte sur le dos des chevaux à la ferme car ils étaient attelés et servaient pour le travail aux champs et le transport.

Dès le lever du jour, nous voici donc partis pour notre grand périple. Je suis obligée de composer avec les éléments, je monte à cheval sans savoir comment faire. On passe par de petits sentiers, on traverse des rivières. Le curé, malgré les conseils de notre guide, s'est entêté à voyager sur un âne. Cela risque de nous retarder car, ce n'est pas un cliché, un âne est difficile à apprivoiser, il peut s'arrêter à tout moment et nous faire perdre un temps considérable. Pour l'aller, le guide ouvre la route à cheval tandis que je la ferme.

Après quatre heures de trajet, nous faisons une première halte. En descendant de mon cheval, je ne sens plus mes jambes. Je ne sais pas quoi faire, mais je fais comme si j'étais expérimentée, je ne veux surtout pas que le curé sache que je débute ! Il me jugerait inapte à l'accompagner lors de tous ces événements qui font aussi partie de mon activité de missionnaire. Je marche à coup de volonté et fais l'effort nécessaire pour me tenir bien droite. On nous donne du jus de pamplemousse et je me requinque un peu tout en demandant discrètement des conseils au guide. Finalement, cet arrêt de vingt minutes m'est d'un grand bénéfice.

La traversée des rivières est particulièrement périlleuse : nous devons nager à côté du cheval tout en tenant les bagages sur son dos. Pour moi, ce voyage est un nouvel apprentissage de la jungle. Après cinq heures, je commence à me sentir à l'aise avec ce mode de transport.

Arrivés enfin sur les lieux, nous sommes accueillis triomphalement par les propriétaires. Ils sont euphoriques. Pour eux, grâce à notre présence, la fête sera une promesse de bénédiction.

Pas le temps de nous installer, tout s'enchaîne très vite. Le curé est immédiatement entraîné d'un côté pour dire la messe tandis que je fais chanter les fidèles. Ensuite, c'est le début des vraies festivités : le banquet. Les invités vont manger et boire toute la nuit. Il y a de la viande grillée et de l'alcool à profusion. Quant à moi, un simple jus de pamplemousse suffit amplement à mon bonheur. Je marche seule en marge de la fête, je regarde le jour tomber, le ciel bleu devenir rosé. J'entends le murmure de la nature et le rugissement au loin des animaux sauvages. Ces moments de solitude me permettent de survivre à cette ambiance de débauche. Je vis très mal cette façon de faire la fête.

Comme à son habitude, le curé se met à boire et à manger avec les hommes de l'endroit réunis dans un local attenant à la cuisine, pendant que les femmes préparent le repas et assurent le service. Dès le début de la soirée, les hommes ivres rient et parlent fort. Je reste seule, ne comprenant pas que tout cet argent soit dépensé en alcool, alors que Baures a grand besoin de financement pour promouvoir la santé de ses jeunes. Je m'en ouvre à la femme du propriétaire qui me propose alors de venir m'exprimer devant les hommes de l'assemblée.

Dès mon entrée dans leur repaire, les hommes rient de voir apparaître une sœur. Épatés par mon culot, ils me demandent un discours. Je me lance alors, évoquant les problèmes de la jeunesse de Baures, et leur explique les besoins de notre Colisée. Mes auditeurs ont beaucoup bu et m'observent avec de grands yeux. L'un d'eux se lève en chancelant et propose de me donner un bœuf. Un autre un veau, un troisième un cheval ou encore du bois. La femme du propriétaire note les noms et les fait signer. Grâce au bétail et aux planches ainsi obtenus, je pourrai enfin assurer l'éclairage et installer des bancs pour asseoir les spectateurs dans le Colisée. C'est gagné !

*
* *

Le lendemain, au chant du coq, il règne un silence mortuaire. Les hommes cuvent encore leur alcool et les femmes commencent à nettoyer. Dès l'heure du déjeuner, tout le monde se retrouve à nouveau à la table pour un grand repas avant le jeu avec des taureaux. Je supplie le curé de retourner à Baures. Nous sommes déjà samedi et je lui rappelle qu'il s'est engagé, en partant, à rentrer au plus tard pour la messe du dimanche matin. Nous avons au moins huit heures de route à accomplir à dos de cheval, et sans pleine lune on ne peut pas voyager la nuit. Fuyant, il me répond qu'il n'y a aucune urgence et qu'il doit d'abord accompagner les hommes pour le jeu des taureaux. Dès que j'ai le dos tourné, il se remet à festoyer avec les hommes du village. Incorrigible homme d'église !

Je me suis fait une raison : nous allions passer une nouvelle nuit sur place avant de repartir pour Baures aux premières lueurs du jour. Mais vers 4 heures de l'après-midi, sans la moindre explication, le curé décide qu'on doit rentrer immédiatement.

Décision irréfléchie, car la nuit va tomber dans une heure à peine ! Bien qu'on le mette en garde contre les tigres et les serpents qu'on peut croiser, il s'entête, monte sur son âne et me prie de le précéder. Je prends la route sur mon fidèle cheval.

Le propriétaire insiste pour prêter un cheval au curé, disant : « Un âne, ça peut s'arrêter en route. » Mais le curé, obstiné, n'écoute aucun conseil. Il part sur son âne avec sa lampe de poche, inconscient et sûr de lui.

Dans la jungle, il fait maintenant nuit noire et on entend au loin les rugissements des tigres. Après trois heures sur les sentiers, nous faisons une petite halte dans un hameau au cours de laquelle les habitants de l'endroit tentent de dissuader le curé de repartir. Mais, fidèle à son entêtement, il n'écoute que lui et décide que son âne et sa lampe de poche sont infaillibles. Nous repartons, et plus nous avançons, plus mon anxiété monte. La nuit est étouffante dans la brousse amazonienne. On ne voit absolument rien, de nombreux sons nous parviennent, tous aussi inquiétants les uns que les autres. Je sais à peine monter à cheval et je suis suivie par un curé qui cuve son vin sur son petit âne et ne dispose, comme outil de voyage, que d'une lampe de poche. Tous les facteurs sont réunis pour que nous ne nous en sortions pas indemnes.

Au passage d'un étang, l'âne s'affole, se cabre et met le curé à terre. Dans sa chute, sa lampe de poche se fracasse au sol. Résultat : plus de lumière et un âne qui refuse d'avancer. Nous sommes coincés ! J'en veux terriblement à cet homme irresponsable, à son inconscience et à sa suffisance. Il nous a entraînés dans une situation périlleuse dont j'ignore comment nous allons sortir. Je fais demi-tour et lui demande ce qu'il compte faire. Il me répond simplement que nous allons demeurer là, de nuit, en pleine brousse en attendant que le jour se lève. Je refuse, préférant mourir seule plutôt qu'avec lui. Je pars au galop, laissant le cheval aller à sa guise.

Il passe n'importe où. Je suis couchée sur son dos et bien agrippée. Je ne cache pas que ce sont les six heures les plus effroyables de ma vie... Le cheval fait fi de ma présence, passe sous les branchages à la limite des arbres sans laisser le moindre espace à sa cavalière. J'essaie de me coller à lui le plus possible pour éviter les coups. Je sais que si je tombe, il ne s'arrêtera pas. On ne me retrouvera jamais. Sans lune et sans étoiles, le rugissement des animaux sauvages me terrifie. Quelques gouttelettes de pluie me rappellent que le firmament est nuageux. Je m'accroche au cheval, mon sauveur et mon bourreau, et j'invoque les dévotions de mes ancêtres. Après des heures, j'aperçois enfin une lueur au loin. Je me demande bien où mon cheval fou m'a conduite, les villages le long de l'Amazone n'ayant pas d'éclairage.

Il m'a ramenée à Baures ! Les chevaux, lorsqu'ils sont laissés libres, reviennent toujours à leur point de départ.

*
* *

À Baures, les habitants, connaissant leur curé, ont installé des fanaux partout, ce qui donne cette lueur et cet éclat. Quand je reconnais le petit sentier d'entrée au village, je me relève, m'assieds droite sur le cheval et le conduis au galop jusqu'à destination. Je suis sauvée ! Il est environ 2 heures du matin. Heureusement pour moi, dans son instinct de survie, mon cheval a eu le réflexe de contourner les rivières. J'indique aux habitants inquiets que leur curé est encore coincé avec son âne quelque part au milieu de la jungle. Préoccupés, pensant qu'il va se faire dévorer par les tigres, deux hommes repartent avec mon cheval qui les conduit directement à l'endroit où le curé s'est lamentablement échoué. Ce dernier ne reviendra au village sur ma monture que dans l'après-midi, accompagné des deux hommes partis à sa recherche avec leurs propres chevaux. Pour ma part, j'ai passé le reste de la nuit à raconter à mes consœurs l'aventure de mon retour, tout en recevant un soin pour les éraflures et les plaies sur mon dos. À 9 heures, les cloches de l'église sonnent et la célébration animée par les sœurs a bien lieu en temps voulu… malgré l'absence du curé.

Ce périlleux périple m'a définitivement brouillée avec le curé de Baures. Outre notre différend lors de notre retour épique, il n'a pas apprécié que je le mette en cause publiquement et que j'affirme haut et fort qu'il nous avait fait courir des risques inconsidérés. Il supporte d'autant moins une critique qui émane d'une femme…

*

* *

Dans la semaine qui suit, je mandate de jeunes sportifs afin qu'ils aillent récupérer le bétail et les planches que les invités de la fête ont promis pour le centre sportif de Baures. Dès leur retour, nous vendons le bétail et commençons à installer les planches pour asseoir les spectateurs. Un mois plus tard, les bancs seront installés et le lieu éclairé grâce à un petit générateur d'électricité que nous avons acquis avec l'argent de la vente du bétail. Enfin, les soirées du Colisée vont pouvoir commencer. Mais nous ne sommes pas au bout de nos soucis.

Dans ma planification, j'ai oublié que les sessions nocturnes entreraient en concurrence avec l'office religieux du soir qui se tient à 19 h 30. Comment une sœur peut-elle se permettre de vider l'église tous les soirs pour proposer aux jeunes et aux moins jeunes de s'amuser ? Je sens que j'ai dépassé les limites. Le curé, déjà très réticent à mon égard, ne tolère pas cette compétition qu'il estime déloyale. Même si, selon moi, le sermon n'alimente pas la dimension spirituelle des fidèles, il demeure intraitable. Malgré mes tentatives d'explication pour lui démontrer à quel point les activités que nous proposons au Colisée sont bénéfiques à la santé physique et spirituelle des habitants, nous sommes obligés de réduire nos activités à trois soirs par semaine. Trois soirs de partage et de fraternisation, cela constitue déjà un réel progrès pour Baures.

*
* *

Dans la brousse amazonienne, le curé et nous, les sœurs, représentons en quelque sorte les autorités morales du village. On nous fait confiance pour résoudre les problèmes, les plus petits comme les plus grands, des plus usuels aux plus inattendus. Ainsi, lorsque deux inconnus arrivent à Baures sous prétexte de visiter le village, tous les habitants les surveillent immédiatement. Ici, tout le monde se connaît, on se méfie beaucoup des étrangers. Les gens épient leurs moindres faits et gestes. On les croise très souvent sur la place publique en face de l'église, marchant prestement dans un état de grande agitation.

Quand, un matin, les visiteurs préviennent par radio un trafiquant de drogue afin qu'il les ramène à Trinidad, la méfiance des villageois s'accroît. Non pas parce qu'ils vont être raccompagnés par des trafiquants de drogue, c'est très usuel dans cette contrée. C'est plutôt le comportement nerveux de ces inconnus qui a éveillé les soupçons au sein de la population. Pendant que les deux hommes se rendent à pied au champ d'atterrissage, nous faisons sonner sans arrêt les cloches de l'église pour transmettre un message urgent à l'ensemble de la population. Tout le monde s'y rend le plus rapidement possible, afin de prendre connaissance de ce qui se passe : tous les vases sacrés, les chandeliers et les autres objets de valeur ont disparu. Nos deux supposés visiteurs sont donc hautement suspects.

Sans tarder, les gens accourent sur le petit champ d'atterrissage pour arrêter les deux hommes. Plus de doute, ils sont coupables : tous les objets disparus sont retrouvés au fond de leurs bagages. Nos deux mystérieux visiteurs doivent désormais faire face au système judiciaire du village. Ramenés sur la place centrale, ils sont attachés à des colonnes derrière la maison qui tient lieu de mairie afin d'être jugés dans une espèce de « comparution immédiate ».

Pendant ce temps-là, le pilote de l'avion s'impatiente, il réclame ses deux passagers afin d'être payé. À la demande de la population, je me rends sur le lieu du procès en compagnie d'une consœur afin que nous donnions notre verdict. Les deux hommes nous dévisagent, les yeux ronds de frayeur. On leur a déjà passé une corde au cou en s'assurant que leurs pieds touchent le sol. Après avoir sermonné les intrus en leur demandant de respecter les gens et les villages de la *selva*, nous choisissons de laisser les représentants du peuple prendre la décision finale. Les « visiteurs » auront le droit de quitter le territoire, les mains attachées dans le dos, dépouillés de leurs valises et documents.

À cette occasion, j'avoue avoir été très impressionnée par la solidarité et surtout la grande maturité du jugement des habitants de Baures. Jamais ils ne se sont emportés, jamais ils n'ont perdu leur sang-froid alors qu'ils étaient confrontés à un acte qui, pour eux, est profondément criminel. Tous les objets ont été remis à leur place et les voleurs devront, ensuite, donner une rançon pour l'entretien de l'église avant de récupérer leurs bagages ainsi que leurs papiers officiels.

– 4 –

Baures, premiers conflits avec les autorités ecclésiastiques

Une bonne partie de mon travail de missionnaire consiste à promouvoir les sports, à donner des leçons d'éducation sexuelle et à organiser des spectacles folkloriques avec des filles et des garçons à qui j'essaie également d'inculquer des valeurs humaines. À Baures, nous avons constitué nos équipes sportives et participons à des compétitions avec d'autres villages. C'est dans le cadre de l'une de ces compétitions qui se tient cette fois dans le petit village de Huancarani, que j'entreprends une expédition de douze heures avec près de quarante jeunes à bord d'un bateau sur l'Amazone. J'ai pris la précaution de réserver une embarcation de trente-six places et je dois être accompagnée de deux adultes. Mais rien ne se passe comme prévu.

Le matin du départ, dès le lever du jour, nous nous rendons à la rivière en bas du village avec nos bagages et le matériel nécessaire. Sur place, pas de bateau et, comble de malheur, les deux hommes qui doivent nous accompagner sont endormis, complètement ivres ! Nous réussissons au bout du compte à tous embarquer sur une petite chaloupe qui ne peut normalement contenir qu'une vingtaine de personnes.

C'est à un jeune de treize ans que je confie la conduite de l'embarcation et il se révélera plus responsable que nombre d'adultes. Avec des recommandations claires et grâce à l'humour, au courage et à l'imagination de chacun, nous franchissons toutes les embûches jusqu'à destination. Quelques jeunes connaissent bien le chemin et, pour les étapes sur la terre ferme, les bagages sont transportés à dos d'ânes que l'on a trouvés dans les champs. En ce territoire amazonien, les terrains ne sont pas délimités, les bêtes ont leur propriétaire mais elles peuvent être utilisées au besoin.

Au cours de cette journée, je vis à la fois des moments de grande inquiétude – étant l'unique adulte du groupe – et d'émerveillement, notamment devant l'habileté de ces jeunes à adapter le transport aux circonstances. Nous échappons miraculeusement aux pluies torrentielles qui sévissent dans la région et nous réussissons à nous rendre à pied sec à Huancarani à la clarté du jour. C'est déjà la fête au village.

Au cours des jours suivants, les jeux se déroulent à merveille et l'équipe de Baures, bien disciplinée, réussit à rafler pratiquement toutes les médailles. J'assiste aux compétitions, je stimule les jeunes, les encourage et leur manifeste toute ma fierté.

À la fin de la semaine de ces mini-olympiades, il nous faut penser au retour. Les corps sont éprouvés, particulièrement dans le groupe des filles. C'est malgré tout dans la joie et la satisfaction des résultats obtenus que s'amorce notre rentrée à Baures.

Pour la première partie du parcours sur la terre ferme, les bagages sont transportés dans une charrette tirée par des bœufs et les filles sont assises sur les bagages. Pour ma part, je voyage à cheval pour faire la navette entre ceux qui marchent et courent en avant et la charrette qui ferme le cortège.

Après environ deux heures de route, l'attelage devient fou et le chargement se renverse, les filles se retrouvant prisonnières sous la charrette et coincées par les bagages. Appelée à la rescousse, je ne sais quelle force surhumaine m'anime et monte en moi pour m'aider à soulever la charrette et libérer mes jeunes athlètes. Heureusement, il y a plus de peur que de mal.

Bilan de la situation, il s'avère que nous devons fabriquer trois civières de fortune qui seront portées à bout de bras ou placées en travers de la chaloupe, nous permettant ainsi de franchir tant bien que mal les dernières étapes du retour. Tout au long de cette journée qui prend fin vers les 2 heures du matin, je me demande régulièrement ce que je fais là… Pourquoi tant de misères ? À la réflexion, je demeure convaincue que cette excursion constitue une excellente école de vie pour ces jeunes. Ils sont courageux et je les admire.

*
* *

Le territoire desservi par notre mission étant immense, les déplacements prennent beaucoup de temps. Quand le curé s'absente, les sœurs le remplacent pour assurer la liturgie et la gestion de tous les problèmes d'intendance. Et Dieu sait qu'ils sont nombreux ! Pour les villageois, cette messe est devenue celle des sœurs, et la communion leur est indispensable. Dans le cadre de mes missions de gestion des affaires courantes, j'informe l'évêque par radio que nous n'avons plus d'hosties consacrées et que nous allons distribuer des petites galettes bénies en signe de fraternité. Ces biscuits secs font partie de la table au quotidien, ça remplace le pain. L'évêque choisit de nous envoyer les saintes espèces par le biais des petits avions des trafiquants de drogue. Ils voyagent souvent entre les villes et les villages du Béni, lieux privilégiés pour leur produit de base.

Quand un avion veut atterrir à Baures, il commence par tourner au-dessus du village, afin de laisser aux enfants le temps d'aller repousser les animaux qui rongent le moindre bout d'herbe à cet endroit. Ce terrain a une double fonction, puisqu'il sert à la fois de pâturage et de piste d'atterrissage.

Dans le petit avion transportant les hosties consacrées se trouvent également des gallons d'alcool utilisés pour fabriquer les boissons servies à la taverne ou chez les particuliers. C'est une bonne source de revenus pour les commerçants. Contrairement à son habitude, le pilote ne descend pas de l'avion, il réclame la présence de la *madre* pour accueillir cet envoi spécial de la part de l'évêque. Des enfants courent jusqu'à la maison en criant : « Le Bon Dieu est arrivé par le petit avion ! » Il faut se rendre le plus vite possible au champ d'atterrissage pour recevoir des mains du pilote trafiquant de drogue « le Bon Dieu en vie ». Le messager nous remet le tout avec un profond respect. Étrange pays, étranges coutumes qui mettent les trafiquants de drogue à l'honneur.

*
* *

Retranchées au fin fond de la jungle, mes consœurs et moi vivons centrées sur la vie du village, ignorant ce qui peut se passer dans les autres parties du monde. Pour nous reconnecter à la vie extérieure et au reste de la planète, nous nous rendons parfois, en alternance, à Cochabamba. Cela nous permet d'aller chez le dentiste, d'acheter des articles indispensables que nous ne trouvons pas dans la *selva*, de nous offrir une petite gâterie et de nous ressourcer avec la communauté.

Un jour, mes deux consœurs profitent d'un transport de viande par avion pour s'y rendre... Pendant leur absence, restée seule à Baures, j'essaie de répondre aux demandes les plus urgentes des habitants, ce qui n'est pas de tout repos vu le nombre de requêtes aussi différentes les unes que les autres – aide pour un soin, crise au sein du couple, demande d'intervention contre des actes de violence – qui nous sont adressées à chaque instant. J'essaie de régler chaque situation au fur et à mesure...

Mais dès le deuxième matin, seule au village, je suis clouée au lit, prise d'une forte fièvre. À nouveau, j'ai l'impression que la fin de ma vie approche. Les voisines, inquiètes, viennent vérifier ce qui se passe. Ne sachant que faire devant mon état, elles font appel à une femme trouvée dans la *selva*, une vagabonde élevée par des singes, douée de talents de guérisseuse. Mon état ne me permet plus de douter... quelle que soit la solution, je l'attends impatiemment. Cette mystérieuse « guérisseuse », qui semble posséder un immense savoir empirique, s'avance vers moi et me touche la tête et les pieds. Elle fait des signes que je ne comprends pas. Elle a de grandes dents et un menton proéminent qui attirent mon attention. Elle quitte ma chambre en me faisant comprendre qu'elle va revenir. Je ne sais quoi penser, mais je me sens toujours aussi souffrante.

Après quelques heures, elle revient avec un grand chaudron rempli de feuillage ébouillanté. Avec l'aide des autres femmes, elle m'enveloppe de la tête aux pieds de cette préparation brûlante, ne me laissant que les yeux et la bouche dégagés. Puis elle me fait boire l'eau du chaudron qui ressemble à une tisane au goût très amer. Je n'ai rien à perdre, je prends tout ce qu'elle me donne. Je lui fais confiance. Les femmes me demandent alors de rester dans cette enveloppe de feuilles pendant quatre heures. Je m'endors et quand je me réveille, je suis soignée, j'ai recouvré ma santé. L'après-midi, en pleine forme, je peux à nouveau vaquer à mes nombreuses occupations. Jamais je n'ai revu cette femme des bois que les habitants appellent *Santa*, la Sainte. J'avoue ne pas comprendre pourquoi on ne la sollicite pas davantage.

Le lendemain, je suis appelée à intervenir dans une chicane. L'unique cochon du voisin d'en face a traversé dans le jardin du voisin d'en arrière et ce dernier – qui en possède déjà dix – a tué le cochon. On me demande de rendre justice. Me transformant en juge, j'exige que l'un donne un de ses cochons à celui qui s'est fait tuer le sien… c'était toute sa fortune. Nul besoin de vous dire que ce jour-là, je ne me suis pas fait un ami de mon voisin d'en arrière.

Une semaine plus tard, toujours seule à la maison, je me fais insulter par ce même voisin sous prétexte que, trois heures auparavant, je n'étais pas présente auprès de sa mère pour la bénir avant qu'elle ne meure. J'en suis désolée. Tellement fatiguée, à mon retour à la maison – après avoir visité les *barrios* avoisinants et traversé la rivière à la nage –, je n'avais pas prêté attention au *velorio*[1]. Je propose d'aller bénir la défunte. L'homme, claire-

1. Veille d'un mort avec des chandelles allumées en présence des voisins.

ment mécontent, me répond : « On vous attend et vite ! Au moins, venez la bénir. »

Je me rends chez le voisin. Je m'approche du corps qui repose dans une ambiance funèbre. Je me mets à prier, à demi somnolente, et je répète : « Mon Dieu, donne la vie à Santa... Mon Dieu donne la vie à Santa. » Étant penchée au-dessus du corps de la supposée défunte, je m'aperçois que la femme se met à respirer et je peux sentir sa poitrine bouger sous mes mains. Soudain, ouvrant les yeux, elle se met à crier :

– *Madre ! Madre !*

Elle s'agrippe à mon bras et me dit qu'elle a peur. Je la calme en l'invitant à respirer. Les gens sont effrayés de voir la « morte » revenir à la vie et ils sortent tous au pas de course. Le calme revenu, je demande qu'on lui apporte de l'eau et qu'on lui donne à manger de la soupe au poulet et riz – plat toujours servi dans les veillées pour les morts. Je retourne chez moi sans trop m'attarder sur ce qui vient de se passer. Le lendemain, Santa est dehors, à balayer sa cour. Je la salue comme à l'habitude en lui souhaitant une bonne journée. Elle me répond d'une voix ferme :

– *Buenos dias madre.*

Je passe ainsi trois très belles années au fond de l'Amazonie bolivienne, pleines et très enrichissantes.

Et ces deux « Santa » m'ont profondément interpellée.

*
* *

La fondation d'une nouvelle mission n'est jamais facile, je suis souvent en désaccord avec les positions prises par les autorités diocésaines, mais je me sens exactement là où je dois être, auprès de tous ceux que je peux aider. Mes priorités demeurent la santé et les jeunes.

Il est temps de nous rendre à Magdalena, près de Trinidad, pour la réunion annuelle de pastorale à laquelle tous les prêtres et sœurs doivent assister.

Lors de cette rencontre, l'échange porte sur les critères nécessaires pour donner la communion aux fidèles. Le clergé, contre toute attente, décide qu'on ne donnera plus la communion aux couples non mariés. Or il est à remarquer que *tous* les couples à Baures vivent en union libre

Malgré ces situations très précaires au regard de la doctrine catholique, les enfants sont baptisés. Cela fait partie des particularismes locaux qu'il faut savoir conserver. Mais les autorités supérieures de l'Église posent une question importante : comment peut-on baptiser des enfants de couples qui ne sont pas mariés ? On veut donc obliger tous les couples à se marier, sans quoi leurs enfants ne seront plus baptisés et la communion ne leur sera pas donnée.

Ça me révolte et j'interviens. Je connais la détresse des prêtres qui les conduit souvent à des comportements très irréguliers et j'insiste sur ce point : « Comment se fait-il que des prêtres couchent avec des femmes et restent prêtres ? Ils ne sont pas mariés, quelques-uns ont même des enfants qu'ils baptisent, et ils peuvent célébrer l'eucharistie et communier. » Mon intervention est osée, très risquée, même si je me contente de rappeler une réalité connue de tous. Un grand silence s'ensuit et aucun commentaire n'est émis. Cependant, les conséquences ne tarderont pas.

Une semaine plus tard, ma responsable provinciale tente de me joindre lors d'une communication radiophonique. J'entends difficilement tant les ondes sont mauvaises. Finalement, je parviens à saisir son message : « Tu viens avec tous tes bagages. » Ce brusque rappel m'oblige à faire mes valises comme on me le demande.

C'est mon dernier Noël au village et, avec mes consœurs, nous nous occupons de la pastorale et de la liturgie. Les enfants semblent heureux et je le suis aussi.

Je quitte Baures pour me rendre à Cochabamba pour la réunion annuelle de la congrégation. Je suis émue, j'ai un nœud dans le ventre, consciente que je ne reviendrai pas.

Nous avons la chance de trouver un avion le 31 décembre pour nous emmener à Trinidad. À notre arrivée, c'est un spectacle de désolation ; la ville est inondée. Toutes nos valises sont détrempées, souillées dans de l'eau stagnante et putrescente. Le jour même, nous reprenons un vol pour Cochabamba et passons tout le jour de l'an à laver notre linge et nettoyer nos valises.

Alors que je suis en poste à Baures depuis trois ans, la provinciale me dit :

– Écoute… j'ai reçu une lettre de l'évêque disant que tu n'es pas une missionnaire ni une religieuse. Tu es dans les sports, le sexe et la danse.

Quel choc ! J'ai construit ce Colisée dans lequel les jeunes se réunissent pour jouer au lieu d'aller à la messe les mardis et jeudis soir… et de s'exiler dans les sous-bois. L'évêque du diocèse, relayant les complaintes de mon « ami » le curé, s'alarme du fait qu'à cause de moi, les jeunes ne vont plus à la messe la semaine. Pourtant, ces jeunes animent la liturgie du dimanche avec la musique et les chants dans un état d'esprit dynamique et généreux. On me reproche d'avoir vidé l'église alors que le curé demande aux fidèles d'aller à la messe tous les soirs. Pour ma part, je trouve que ses homélies ne correspondent plus au message délivré par Jésus. Au moins, le dimanche soir, c'est fête au Colisée.

Pendant ces trois années à Baures, les jeunes ont beaucoup changé. Ils avaient un fort potentiel et il ne fallait pas les laisser tomber. Les parents aussi ont participé au progrès du village. Aujourd'hui, il y règne une ambiance fraternelle, solidaire. Mais cela dérangeait les autorités ecclésiastiques, à commencer par le curé qui vivait très mal la concurrence que je lui faisais.

Je suis donc renvoyée en bonne et due forme, sans même avoir pu prévenir officiellement les habitants de Baures.

*

* *

Nous sommes au début de l'année 1984. Au moment de quitter définitivement la Bolivie, je me souviens de certains événements clés et bouleversants que j'ai vécus ici. Je me rappelle les gens du village, les excursions, les activités… les voyages en avion alors que, parfois, le pilote était en état d'ébriété… l'immense plaisir à savourer un cornet de crème glacée à la crémerie du coin quand j'allais à Trinidad.

Être expulsée du diocèse par des hommes de pouvoir qui n'arrivent pas à se regarder en face est pour moi une occasion d'apprendre à lâcher prise devant des situations sur lesquelles je n'ai aucun contrôle.

Je me revois, à Cochabamba, lors d'une manifestation pour soutenir les femmes qui réclament du pain pour leurs enfants. Je suis en première ligne et une rangée de militaires s'est placée devant nous, les fusils pointés dans notre direction. À mes côtés, Maria meurt, atteinte d'une balle. En un instant, sans m'en rendre compte, je me retrouve quelques rangées derrière, les manifestants prenant les mesures nécessaires pour me protéger.

Dans la région du Chapare, où je suis allée aider des consœurs à fermer leur mission, je revois le regard de détresse des gens qui nous saluent. Ils étaient aux prises avec l'horrible guerre des trafiquants de drogue. Le départ des sœurs fut une grande épreuve pour eux. Ils se sentaient abandonnés à leur sort.

Je suis allée dans les centres miniers à Catavi. Les mineurs y mouraient très jeunes. Ils travaillaient dans des conditions inhumaines. Je revois ces jeunes hommes, entassés dans un petit train ouvert : ils entraient dans la mine avant la clarté du jour, ils en sortaient après la tombée de la nuit. Ils ne voyaient jamais la lumière, travaillant sept jours par semaine. La façon d'éliminer ceux qui dérangeaient en réclamant leurs droits était facile : on les attachait, cordés comme des billots de bois à bord d'un hélicoptère, et on les jetait dans les précipices sans fond des « *yungas*[1] » de La Paz.

En quittant la Bolivie, c'est à ces désastres humains, mais aussi à ce monde que j'aime, que je dois faire mes adieux. Ce petit pays, au cœur même de l'Amérique du Sud, avec ses charmes et ses souffrances, demeure un lieu unique. Le seul fait d'entendre son nom me fait vibrer le cœur.

1. En Bolivie et au Pérou, nom méridional donné aux vallées de la Cordillère orientale.

– 5 –

L'envol déchirant vers le Pérou

Dès mon départ de la Bolivie, je reçois l'instruction de me rendre au Pérou. Je fais le voyage à partir de Cochabamba via La Paz. Ce voyage est magnifique. La cordillère des Andes coiffée d'une crête blanche de neige est une merveille.

L'atterrissage à Lima me rappelle mes premiers pas en Amérique du Sud. Je vais résider à Santa Luzmilla, un *barrio* populaire en banlieue de la capitale. Je vis avec deux consœurs profondément attachées aux gens qui viennent fréquemment à la maison demander de l'aide. À cause de la guerre civile au Pérou, les organisations terroristes comme le Sentier Lumineux et les Tupac Amaru attaquent souvent les agriculteurs. Quand ceux-ci refusent de leur laisser leur terre, ils sont tués et leurs femmes se retrouvent seules avec les enfants. Ces violences répétées expliquent en grande partie le dépeuplement des campagnes en faveur de Lima. Tout le monde veut partir à la capitale, espérant être accueilli et surtout protégé des organisations criminelles qui font régner la terreur dans le reste du pays. Lima est malheureusement devenue surpeuplée et totalement désorganisée. D'un peu plus de 3,5 millions en 1975, sa population est passée à plus de 5 millions d'habitants recensés en 1985 – un très grand nombre ne le sont pas – et elle continue de s'accroître. Il est impossible de gérer cette explosion démographique et d'accueillir tout le monde dans de bonnes conditions. Lima étant érigée sur des terres sablonneuses, sans la moindre protection et sans arbres, les nouveaux arrivants ont commencé à s'installer un peu partout dans des maisons de fortune, souvent en carton, dans les dunes de sable le long du littoral et dans les montagnes avoisinantes. Cette population s'est principalement établie dans les quartiers appelés « Cono Norte » et « Cono Sur » – en correspondance avec les points cardinaux à Lima – alors que du côté « ouest » se trouve l'océan Pacifique et que, du côté « est », s'élèvent les Andes sablonneuses. Dans ces nouveaux quartiers précaires, la pauvreté extrême a engendré de terribles épidémies telles que la tuberculose, qui a atteint un seuil endémique.

Plongée au milieu de ces *barrios* pour venir en aide aux plus démunis, j'ai contracté la tuberculose, sans qu'elle soit jamais diagnostiquée. Prise de nombreux malaises et de grosses difficultés respiratoires, j'entre à l'hôpital, me croyant une nouvelle fois à l'article de la mort. Après un traitement assez bref d'à peine quelques jours, je peux reprendre le travail sans le moindre problème. Ce n'est que bien des années plus tard, lors de mon retour au Québec, qu'un médecin m'informera que je porte en moi les cicatrices d'une ancienne tuberculose.

*

* *

Très vite, le curé de la place, un missionnaire qui brille par sa générosité et sa disponibilité envers les plus défavorisés, me demande de donner des cours d'éducation sexuelle aux jeunes. Un grand nombre d'entre eux sont en effet victimes de comportements sexuels compulsifs.

En allant à la rencontre des familles pour évaluer leurs besoins et leur proposer des programmes de promotion de santé globale, je me retrouve confrontée à des situations de grande violence qui, bien que pénibles à vivre, me permettent de me façonner tout en m'ouvrant à une mission imprévue.

J'arrive chez Julia, elle a une ecchymose à l'œil gauche et une blessure récente au-dessus de la paupière. Elle a les yeux ronds, le regard fixe, tout comme le bébé qu'elle porte dans ses bras. Le visage d'une fillette apparaît derrière un rideau déchiré d'où j'entrevois un lit. Au fond de la pièce, une cuve ronde, noircie, recouverte d'une grille, sert de poêle.

En entrant, je ressens de la terreur. La femme se montre gênée, c'est évident qu'elle a été battue. Il me faut y aller doucement car les victimes du Sentier Lumineux ne font pas facilement confiance. Dans une situation de guerre interne comme celle-là, il est très difficile de reconnaître l'ennemi. Même un fils ou une fille peut être enrôlé dans le mouvement terroriste et agir contre sa propre famille. Étant reconnue comme la *madre* infirmière, je réussis à m'infiltrer dans la guerre cachée. Car s'il y a la guerre menée ouvertement par le Sentier Lumineux, il y a également cette guerre qu'on ne montre pas, tout aussi terrible, cette violence faite aux femmes et aux enfants.

J'accepte l'invitation de m'asseoir sur un banc de fortune. Au bout d'une heure, Julia me raconte que son mari l'a battue parce qu'elle n'avait pas envoyé sa petite fille à la ville. Le travail confié à plusieurs enfants était de laver le linge en faisant du porte-à-porte dans les maisons de riches où souvent, hélas, ils étaient violentés. Je découvre à cette occasion une réalité très choquante, à savoir que les enfants, envoyés par leurs parents, se rendent aussi régulièrement à la station d'autobus où ils se prostituent. Les structures familiales sont si dysfonctionnelles que ce sont des parents qui prostituent leurs gamins. Ils encouragent souvent cette dernière option qui est généralement la plus lucrative. Quel cynisme !

La veille, Julia avait emmené sa petite fille de huit ans jusqu'à la gare d'autobus afin qu'elle y vende son corps. Quant à elle, elle s'était rendue à Miraflores, quartier huppé, pour laver du linge. À son retour à la gare, elle avait trouvé sa fille endormie, couchée par terre sous un banc. Après l'avoir tirée vers elle, elle lui a demandé de remettre l'argent qu'elle avait gagné. L'enfant a pleuré, elle ne se souvenait de rien et s'était tout fait voler. Julia, ayant peur de manquer d'argent, a violemment giflé sa fille.

Lorsque je demande à la fillette de s'approcher, la petite pleurniche et s'enroule dans le rideau pour se cacher. Je la sens totalement perdue et elle semble déconnectée du monde réel.

Quand le père est rentré à la maison à midi pour le repas, n'ayant rien trouvé à manger, il a piqué une colère terrible. Voyant l'enfant se sauver, sa colère l'a emporté et il s'en est pris à Julia qu'il a frappée au visage. En plus des blessures qui sont visibles, elle dit ressentir des douleurs au dos. Pour ce qui a trait aux malaises psychiques, ils demeurent bien cachés.

J'entame aussitôt une démarche afin de lui procurer de la nourriture pour quelques jours. Dans le *barrio* voisin, j'avais déjà mis sur pied une cuisine communautaire. À tour de rôle, toutes les femmes cuisinent les aliments fournis par l'association Caritas ou achetés à l'aide de dons.

À Cono Norte, où je réside, il y a en tout dix *barrios* comprenant chacun environ soixante-dix familles qui essaient de survivre dans de petites cabanes entassées les unes sur les autres. Cette misère humaine me bouleverse. Pour organiser ces cuisines populaires, il nous faut trouver des aliments et apporter de l'eau le plus près possible des cuisines, l'eau étant une denrée rare. Je fais face à une multitude de besoins avec bien peu de moyens à ma portée. Mais je m'accroche et j'y crois.

Les hommes essaient de survivre en effectuant de petits boulots qui consistent à charger et décharger les camions, réparer les autobus et la machinerie lourde… mais ils brûlent leurs maigres salaires dans l'alcool. Dans ces conditions, la prostitution leur rapporte vraiment davantage. Bien sûr, ce sont les jeunes femmes, les adolescents et les enfants qui sont désignés pour ce travail. Les hommes se contentent de récolter l'argent « produit » par la famille.

Dans la rue, je rencontre Pedrito, un petit garçon de neuf ans. Il me confie se rendre à l'entrée des grands hôtels pour racoler et trouver des clients. Le manège est toujours le même : il se tient debout près de la porte et adresse des clins d'œil pour montrer qu'il est disponible. Lorsqu'un homme est intéressé, il vient le chercher et le fait monter dans sa chambre. Le client lui demande de se déshabiller et de prendre différentes positions sur le lit. Pendant ce temps, « l'homme riche » – tel que surnommé par les enfants – boit sa consommation tout en le regardant exécuter ses « danses implicites ». Ce n'est que par la suite que la relation devient plus intime.

Les vêtements que portent les enfants sont légers, très faciles à enlever et à remettre. Quand parfois le client oublie de payer, le jeune, à la vitesse de l'éclair, se sert lui-même dans le portefeuille souvent laissé bien en vue. Pour éviter d'être ensuite reconnu dans la rue, Pedrito prend soin de modifier légèrement sa tenue en changeant de gilet ou de tee-shirt. L'enfant doit rapporter un montant significatif à la maison, sous peine de retourner immédiatement dans la rue. Il s'efforce donc d'avoir suffisamment de clients de façon à s'acheter du linge « de travail » et de la nourriture pour sa famille. Il en va ainsi de beaucoup d'enfants comme Pedrito…

Les gamins comprennent très vite les règles de ce jeu pervers. Ils sont avenants, se plaquent un beau sourire sur le visage et savent se montrer galants. À leur manière, ils se professionnalisent pour assurer la survie de leur famille.

Quelques jours plus tard, je m'envole pour une mission dans la *selva*, où je découvre un autre volet de l'exploitation sexuelle : des cireurs de bottes qui se prostituent et qui ont entre cinq et douze ans. Pour certains, ce sont encore des petits gars et des petites filles qui essaient de satisfaire, comme ils le peuvent, les perversions sexuelles des adultes. Ils ne fréquentent pas l'école. Leur seule formation, leur centre éducatif, c'est la rue avec sa violence et sa misère, la rue qui ignore leurs besoins et leurs rêves d'enfants, la rue qui les broie et les anéantit. Ils se rendent à l'aéroport et à l'entrée des grands hôtels pour offrir de cirer les souliers des voyageurs. Lors de ces approches, ils sont souvent sollicités pour des services sexuels tarifés.

En parlant avec eux, j'essaie de comprendre ce qu'ils ressentent quand ils entrent dans une chambre d'hôtel ou montent dans une voiture avec leur « compagnon ». Quelle image ont-ils des adultes et du monde qui les entoure ? Surtout, quelle image leur reste-t-il d'eux-mêmes ? Avec un regard direct, ces jeunes me racontent, assez fiers, qu'ils arrivent parfois à gagner beaucoup d'argent.

Pauline, une fillette de sept ans qui se prostitue elle aussi, me dit que sa mère l'a un jour surprise à manger un gros repas au marché public. Elle a été battue et traitée d'égoïste. Dès leur plus jeune âge, les enfants doivent apprendre à mentir pour survivre. Leur quotidien m'a profondément indignée. Je ne peux pas leur enseigner autre chose que de prendre soin d'eux, de se respecter et de bien se nourrir.

Une femme rencontrée dans un *barrio* m'aide à leur donner des cours privés d'espagnol et de mathématiques. Ensemble, nous poursuivons les rencontres de groupe avec eux afin qu'ils puissent avoir un lieu d'appartenance pour verbaliser ce qu'ils vivent. Pour réussir à les sortir de cette misère, il faudrait assurer les besoins financiers de leur famille et organiser un programme d'éducation populaire. Nous devrions élaborer des projets et les mettre en place mais, malheureusement, nous n'avons pas les ressources financières pour tout réaliser.

Je suis encore bien plus choquée en apprenant que, dans un autre *barrio*, un prêtre missionnaire travaille dans sa paroisse avec de jeunes filles catéchètes. Il les rémunère et aide leur famille en échange de services sexuels qu'elles lui prodiguent. Cela dépasse tout ce que je peux comprendre de la perversion humaine.

*

* *

Je poursuis ma mission à travers le Pérou, offrant des cours d'éducation sexuelle. Un jour, la supérieure, voulant me protéger, me dit :

– Tu es seulement infirmière, c'est dangereux de parler de sexualité et de faire de l'éducation sexuelle sans en avoir la compétence.

J'essaie de défendre ma profession ainsi que mon choix de promouvoir la santé globale, mais en vain. Elle reprend :

– La maîtresse des novices[1] doit partir pour le Canada afin de suivre une formation d'une durée de six mois. Son assistante se retrouvant seule dans la maison du noviciat, tu vas y aller pour faire la cuisine.

Je me retrouve alors dans une nouvelle résidence située dans un *barrio* populaire où je rejoins trois jeunes sœurs encadrées par l'assistante de la maîtresse

1. Jeunes en formation à la vie religieuse.

des novices. Le milieu environnant est très dangereux et il y a beaucoup de violence. Malgré les dangers qu'on encourt à sortir le soir, nous devons aller à l'église pour assurer les services de pastorale. Nous prenons toujours des raccourcis par de petites ruelles pour nous y rendre. C'est là que je suis mise en contact avec des bandits et que je peux en connaître personnellement. Je m'habitue à eux au point d'en venir à me sentir protégée par les différentes bandes qui surveillent leurs proies. J'ignore, à ce moment, qu'ils me préparent sans le savoir à une mission future qui va consister à côtoyer les terroristes et à faire face à une infinité de violence et d'abus sexuels.

À la fin d'un après-midi, après une journée très chargée, la fatigue se faisait sentir et je manquais de temps alors que je devais me rendre en montagne dans un village voisin. Je suis passée très rapidement à la maison prendre mon sac à dos et j'ai couru pour attraper l'autobus, espérant éviter l'obscurité, compte tenu que j'avais environ vingt minutes de marche en montagne avant d'arriver à destination. J'ai réussi à me rendre au centre d'un boulevard à quatre voies pour prendre le bon autobus. Au moment de monter, deux hommes m'ont attaquée, un par-devant pour voler mes lunettes et ma sacoche, l'autre par-derrière pour arracher mon sac à dos et le gilet que je portais à l'épaule. J'ai vécu un moment très particulier, j'ai senti que le temps devenait très... très lent, comme si j'étais plus puissante qu'eux. Grâce à ma formation d'autodéfense, j'ai poussé par terre celui qui était devant moi et soulevé celui de derrière pour le passer par-dessus le premier, le lançant sur le pavé entre les autos. L'autobus étant toujours à l'arrêt sur le feu rouge, je suis montée rapidement comme si rien ne s'était passé. Après qu'un homme m'eut cédé son siège, je me suis assise et le voyage s'est terminé sans problème.

*
* *

Dans ce quartier de Lima, bien que ma fonction consiste à faire la cuisine, je suis à l'écoute du curé local qui se plaint de voir le terrain avoisinant l'église transformé en un club de débauche. Les jeunes, des étudiants à l'université pour la plupart, s'y réunissent pour consommer de la drogue, de l'alcool et du sexe. L'emplacement de l'église se prête bien à ces activités puisque l'édifice est éloigné des maisons et des rues passantes et que ses piliers extérieurs présentent plusieurs recoins dans lesquels il est facile de se dissimuler. L'endroit idéal pour vivre toutes ces aventures. De toute façon, les jeunes sont moins en danger autour de l'église que dans les taudis…

Cela me permet à nouveau de délivrer des cours d'éducation sexuelle à ces étudiants de l'université. Je me rends très vite compte qu'ils en ont bien besoin !

De retour à la maison, je partage mes inquiétudes au sujet de cette débauche avec ma consœur désignée temporairement responsable du noviciat. Je m'interroge sur la conduite et la façon d'être de nos trois très jeunes novices qui proviennent du même milieu que ces étudiants.

Un jour, lors d'une rencontre intercommunautaire regroupant des responsables de différentes congrégations pour discuter du programme de formation des postulants et des novices, je remplace l'assistante de la maîtresse des novices qui ne peut s'y rendre. Lors de cette réunion où l'on parle surtout de spiritualité et de vie religieuse, je leur fais part de mes inquiétudes : « Je suis étonnée de constater qu'il n'y a rien pour l'éducation sexuelle de nos jeunes qui se préparent au célibat religieux, rien pour favoriser le développement de leur équilibre affectif. » Contre toute attente, cette intervention entraîne immédiatement la mise en place d'un programme de formation humaine de base.

C'est pour moi l'occasion d'initier trois cours d'éducation sexuelle au centre intercommunautaire appelé La Confer (Conférence des Religieux) à des groupes mixtes de postulants et de novices. Il y a environ cent personnes par groupe. Le but de mon enseignement est de mieux les outiller pour leur estime de soi, de les former à des relations saines et surtout de leur apprendre à mieux gérer leurs émotions, voire leurs pulsions. Qu'il s'agisse de conflits ou d'intérêts amoureux, ils doivent apprendre à retrouver leur calme émotionnel afin d'être capables de vivre leur engagement à la vie religieuse dans de bonnes conditions.

Lors de ces rencontres avec les jeunes, connaissant le milieu d'où ils viennent, je décide de leur parler de la sexualité humaine d'une manière claire et sans détour. Quand je les vois gênés, rire nerveusement… je les recentre sur le respect. Mais quelle n'est pas ma surprise de constater à quel point les responsables de formation paraissent mal à l'aise, eux aussi ! Ils semblent ignorer la réalité dans laquelle leurs jeunes se trouvent. Très embarrassés, ils me demandent d'insister sur l'amour et le don qu'ils font à Dieu en se consacrant à la vie religieuse. Le thème de la sexualité est totalement tabou.

Rien d'étonnant à cela. La grande majorité des maîtres et des maîtresses de formation n'ont pas eu la chance de suivre un enseignement tel que celui que je dispense aux novices. Ils sont eux-mêmes souvent captifs de liens amoureux sans savoir gérer ces émotions. Ces irrégularités les empêchent de voir la réalité des jeunes qu'ils accompagnent. J'en viens donc à leur donner des cours privés de sexologie et à organiser des groupes d'intégration et des rencontres individuelles.

Parallèlement, je poursuis mon enseignement aux jeunes en formation à la vie religieuse. Afin de mieux connaître leurs interrogations et leurs aspirations, je mets une boîte à leur disposition afin de recueillir leurs questions, inquiétudes et commentaires, tout cela de façon anonyme. Ce procédé me permet de mieux pénétrer un univers caché du monde religieux. Quelle n'est pas ma surprise en découvrant les interrogations et les pensées de ces jeunes gens ! Voici quelques messages très représentatifs de leur état d'esprit :

« Vous dites que les caresses et les intimités sexuelles vont à l'encontre de l'engagement à la vie religieuse, mais avec ma responsable de formation ou mon directeur spirituel ou parfois avec un médecin… étant donné que ce sont des gens bien, avons-nous le droit de les pratiquer avec eux ? »

« Vous dites que l'estime de soi est fondamentale. J'ai une bonne amie qui m'aide à récupérer mon estime personnelle. À l'occasion, je me couche nu avec elle et ça me fait du bien. Cela pose-t-il un problème ? »

« J'ai avorté le mois dernier, j'avais oublié de prendre ma pilule. Suis-je obligée de le dire à ma maîtresse de formation ? Ça s'est passé avec mon directeur spirituel qui me dit que cela doit rester un secret entre lui et moi… »

Tous ces commentaires et ces questions qui se terminent généralement par « *está bien ?* » (est-ce correct, est-ce bien ?) me font découvrir une situation insoupçonnée et inimaginable. Ces jeunes se situent en dehors de la vie religieuse telle qu'elle devrait être vécue. À la suite de ces dévoilements, je les sais désorientés.

Inquiète par cet état de choses, je me mets à l'œuvre et prépare un programme pour traiter clairement de l'engagement au célibat. Je me sens appelée au plus profond de mon être à redonner à l'engagement religieux son sens et sa valeur. Il a toujours été évident pour moi que vivre le célibat avec fidélité et enchantement est le fondement d'une vie religieuse authentique.

Cependant, je ne me trouve pas suffisamment préparée pour évaluer à fond toutes ces problématiques qui me sont confiées. Je me rends compte à cette occasion que j'ai besoin d'une meilleure formation en sexologie pour accomplir ma mission.

Je poursuis ma tâche de maintenance du petit couvent où je réside, comme me l'a demandé la supérieure, tout en proposant des cours sur la maturité affective et le célibat consacré. J'interviens aussi auprès des responsables de formation. Je trouve qu'ils adoptent bien vite, à l'égard de ces problèmes, la politique de l'autruche.

Dans le cadre d'échanges fraternels, des novices se confient à moi. J'apprends alors que de « parfaites » religieuses, telles qu'on me les avait présentées, sont aussi actives sexuellement.

Devant ces révélations, l'assistante et moi ne savons plus quoi faire. Chaque soir, nous allons prier à la chapelle et demandons à être éclairées sur les interventions à favoriser.

Je suis forcée d'admettre qu'il existe d'immenses failles dans la formation au célibat religieux. En même temps, je comprends de plus en plus les écarts rencontrés chez les prêtres et religieux ou les religieuses. Comment ces hommes et ces femmes peuvent-ils vivre le célibat sans être formés concrètement au traitement des émotions et au bien-être du calme érotique ? Le besoin est immense et très urgent.

À la suite de mes cours et accompagnées par un jésuite pour un discernement vocationnel, les trois novices prennent la décision d'abandonner leur projet et de quitter le couvent avant même le retour de la responsable de formation. Nous les raccompagnons alors chacune dans sa famille. Elles avaient eu la chance de se questionner sur leur choix de vie.

Lorsque, peu de temps après, la maîtresse des novices et la provinciale rentrent du Canada, elles me désignent rapidement comme la responsable du départ de ces novices. Selon elles, en donnant ces cours d'éducation sexuelle aux jeunes universitaires et aux jeunes en formation à la vie religieuse et sacerdotale, j'ai outrepassé mes fonctions de cuisinière. Elles me questionnent : « Comment une religieuse peut-elle être si intéressée par le sexe et l'éducation sexuelle ? » J'ai seulement ouvert les yeux et osé mettre des mots sur une situation de souffrances cachées de l'Église. On me renvoie donc au Canada. Je comprends leurs inquiétudes et leur devoir de me guider. Sans le savoir, elles ouvrent une porte à un avancement inimaginable pour moi.

– 6 –

À l'université de sexologie

De retour au Canada, je me rends à Montréal afin de rencontrer ma supérieure générale pour m'entretenir avec elle sur les situations que je viens de vivre. Je lui explique qu'en tant que religieuse et missionnaire, je trouve inacceptable toute cette souffrance observée dans le tiers-monde et particulièrement dans le monde religieux. Je lui raconte mon expérience, tout en soulignant l'aveuglement que j'ai constaté chez certains responsables de formation. Devant cet état de fait, je me sens appelée à me perfectionner en sciences sexologiques pour être en mesure d'offrir une formation plus rigoureuse. Je souhaite comprendre la sexologie et promouvoir le célibat consacré. Il ne faut plus répéter les mêmes erreurs que celles commises jusque-là. Il faut toujours avoir à l'esprit que des missionnaires ont les mêmes problèmes que ceux et celles qu'ils forment. De plus, à cette période, dans de nombreux ouvrages littéraires, des auteurs prétendent que l'abstinence sexuelle conduit à la névrose, ce que je conteste vivement. Je veux démontrer que le célibat religieux vécu avec fidélité et enchantement, loin de mener à la névrose, peut être un chemin d'épanouissement et de réalisation de soi.

Ma supérieure générale m'autorise à entreprendre une formation de base en sexologie. Je me rends donc à l'université Laval pour m'inscrire à un certificat[1] en sexualité humaine.

Mon inscription à l'université marque pour moi le début d'autres problèmes de compréhension et d'acceptation. Car le fait d'être religieuse et d'étudier en sexologie ne surprend pas seulement mes supérieures, cela dérange également le monde universitaire. Lorsque, pour le premier règlement, je donne un chèque au nom des sœurs missionnaires de l'Immaculée-Conception, le responsable du programme me regarde et me dit :

– Ce sont des religieuses qui paient pour vous ?

Je lui réponds :

– Oui, parce que moi-même je suis religieuse.

– Pardon ?

---

1. Au Québec, trois certificats équivalent à un baccalauréat général (l'équivalent de la licence en France).

– Oui, moi-même je suis religieuse.

Il me demande si je sais dans quel programme je suis en train de m'inscrire.

– Oui, en sexologie.

– Et trouvez-vous que ça va bien ensemble ?

Je lui réponds que oui et qu'il est grand temps qu'on traite la sexologie comme une science. Si c'est une science, ça n'exclut aucune religion, aucun état de vie. Finalement, il se rend à l'évidence.

– Vous avez raison.

Cela fait rire tout le monde, de la secrétaire aux étudiants présents dans la pièce ce jour-là. Pensent-ils à ce moment-là que je vais devenir une sœur sexy ?

*
* *

Au programme du certificat, je m'inscris à des sessions intensives. En classe, je suis très active, j'interroge sans cesse les professeurs et je demande des données scientifiques. Un de mes enseignants raconte allègrement que des religieux, religieuses et prêtes ont la plupart du temps des déviances sexuelles. Il me semble très bien documenté sur les histoires de curé. Je comprends de plus en plus qu'il n'est pas nécessaire d'en inventer, la réalité suffit amplement.

Les professeurs savent tous que je suis religieuse et sont de ce fait intarissables sur les aventures de prêtres. Il semble y en avoir une infinité et je constate très vite que, dans l'ensemble, les laïcs connaissent beaucoup mieux que moi les irrégularités sexuelles de notre monde. Cela me permet de réclamer des outils pour essayer de mieux comprendre ce désordre. Je m'efforce de connaître le fonctionnement du cerveau. Je trouve enrichissant de partager avec les autres étudiants. Mon expérience du tiers-monde les passionne et ils se montrent très ouverts à l'évaluation que je fais des besoins sociaux.

Étudiante engagée et exigeante, je privilégie également l'approche autodidacte. Parallèlement aux cours, j'effectue de nombreuses études sur la sexualité humaine. Les connaissances que j'acquiers concernant, entre autres, les fonctions et les pathologies sexuelles, ainsi que l'école sexoanalytique, me permettent de perfectionner les programmes d'enseignement que j'avais préparés en tant qu'infirmière.

Je m'intéresse aussi beaucoup au concept de « santé globale », considérant qu'on ne peut traiter une seule dimension indépendamment de toutes les autres. Je cherche des compléments de formation en biologie, en psychologie et en éthique pour répondre à mes besoins de formation intégrale. Je suis en quête d'une formation scientifique qui ne se limite pas à l'érotologie. À cette époque, au milieu des années 1980, la sexologie n'a pas les connaissances scientifiques actuelles. Cette science évolue et je crois qu'elle apporte une contribution de plus en plus marquée à la compréhension de l'être humain.

À l'université, je reçois une formation axée sur le développement sexuel de l'homme et de la femme, les troubles sexuels, etc. L'un des modules sur le corps humain est donné dans des laboratoires spécialisés, afin d'avoir accès aux cadavres. Pour moi, la dissection des cerveaux et des appareils génitaux n'est pas une sinécure. Je souffre et je prends sur moi. Mais si éprouvantes qu'elles soient, ces séances sont vraiment très enrichissantes.

Très vite, je me rends compte qu'étudier au niveau du certificat ne suffit pas. Je formule donc une demande pour effectuer un baccalauréat général individualisé en sexologie qui, en France, correspond à la licence. Avec l'autorisation de mes autorités majeures, je m'engage dans ce projet d'études.

Je prends toutes les sessions en double afin de progresser rapidement. Désormais, mon quotidien s'organise de la manière suivante : étude, sport et méditation. La résidence de ma communauté est située à proximité des plaines d'Abraham. Je me déplace à vélo pour me rendre à l'université, hiver comme été. À cette époque, cela se fait très peu… Je passe parfois pour une folle illuminée, mais j'aime beaucoup faire du vélo dans la neige.

Je suis une fille de la campagne, élevée en plein air à la ferme. Le sport a toujours représenté pour moi la meilleure des thérapies. Je pratique le vélo, la randonnée en forêt, le ski de fond et la raquette. C'est ce qui me permet de rester concentrée des heures entières à étudier, faire des recherches et comprendre. Ma discipline et mon hygiène de vie m'aident à aller plus loin. Je constate alors chaque jour que grâce à un choix clair et de la volonté, toutes les réalisations sont possibles.

Voyant que beaucoup d'écoles en psychologie traitent de la sexualité, je suis très intéressée de connaître différentes écoles de pensée, toujours dans l'optique d'évaluer les possibilités d'un célibat épanoui sans plonger dans les névroses et les perversions. Je me rends compte que les rapports sexuels ne garantissent pas la santé ; c'est bien la qualité de l'être et sa liberté qui orientent la personne vers des choix éclairés et épanouissants.

À l'occasion, j'ai des échanges avec les autres étudiants et avec les professeurs sur des sujets de société comme le vent de libertinage sexuel qui sévit dans ces années-là. Chaque fois que l'occasion se présente, je pose des questions sur les valeurs et les preuves scientifiques proposées. Qu'en est-il vraiment ? Quelles en sont les explications ? J'ose poser des questions, je veux tout savoir et tout comprendre. J'essaie de donner un sens éthique et une vision globale de la sexualité.

C'est davantage par le biais des rencontres individuelles que les échanges s'opèrent et que les réponses arrivent. J'apprends beaucoup au contact de mes condisciples et je remarque déjà à l'époque ce qui ne cessera de se confirmer par la suite : il existe différentes façons de vivre la sexualité, les unes plus naturelles et liées à l'érotisme et les autres davantage sous l'influence de la pornographie.

Mon but est vraiment de devenir une professionnelle de la sexologie pour être en mesure de guider ceux que j'aide vers une sexualité humaine équilibrée. Souvent, je suis partagée entre l'enseignement scientifique, la pensée des professeurs et ma riche expérience de terrain.

Je souhaite poursuivre mon programme d'études au niveau de la maîtrise et j'ai besoin de l'accord officiel de ma supérieure générale. Mais cela lui pose de nombreux problèmes. Il lui est en effet très difficile d'avouer ouvertement que l'une de ses religieuses étudie en sexologie. Dans le monde ecclésiastique en 1986, une sœur étudiante dans le domaine de la sexualité est vite cataloguée comme une « putain », une obsédée, une fille de peu de vertu. Je comprends le malaise de mes supérieures lorsqu'il s'agit d'aborder les problématiques sexuelles eu égard à notre vocation religieuse. Pourtant, nous y sommes tous confrontés chaque jour. Faire le choix du célibat religieux est aussi une façon de vivre sa sexualité. L'intimité sexuelle n'est absolument pas nécessaire à la réalisation ou à l'épanouissement d'une personne. Avec l'accord de ma supérieure, je peux poursuivre mon cursus.

Dans le cadre de mon programme de maîtrise, j'ai besoin d'un lieu de stage pour la pratique clinique. Je demande à effectuer ce stage dans un centre spécialisé en évaluation et traitement des troubles de comportements sexuels. Je dois défendre ardemment ma demande car les autorités de ce centre commencent par refuser mon inscription. Elles estiment qu'une religieuse aura beaucoup de mal à intervenir auprès de délinquants sexuels. Comment une « bonne sœur » peut-elle être crédible en face de cette clientèle ? Pour atteindre mon but et être acceptée, j'explore toutes les ressources possibles et je soutiens que mes connaissances scientifiques seront tout à fait adaptées à mes interventions. Un gynécologue n'est pas forcément une femme, un cancérologue n'a pas besoin d'avoir développé une tumeur pour être capable de soigner les malades. Je vais justement pouvoir appliquer les connaissances acquises en ce lieu privilégié sur le plan de l'expertise et de la rigueur.

Mon obstination paie : je suis finalement acceptée à ce stage clinique en compagnie d'un autre étudiant. Ce collègue m'appuie et me soutient beaucoup. Nous nous entraidons en filmant nos entrevues respectives et en en faisant ensemble l'analyse critique par la suite. Il m'initie aux formulaires d'évaluation, aux modèles de rapports légaux et aux différents tests... C'est ainsi que je réussis peu à peu à gagner la confiance du corps professionnel. Ces deux années sont très intenses et riches en termes d'apprentissage et de formation.

Dans ce domaine clinique très complexe, je dois parfaire mes compétences professionnelles. Cette formation pratique en pathologie sexuelle m'aide grandement à intervenir dans le monde religieux.

Rien ne me surprend... mais je dois comprendre tous les rouages de la spécialité.

Dès le début de mon stage, je suis mise à l'épreuve et je subis toute une initiation lors de ma première intervention en tant que professionnelle. Mon premier client est un homme champion d'actes criminels que je dois évaluer afin d'établir un rapport légal. Lors de notre première rencontre, je me retrouve en présence d'un costaud qui se tient debout en face de moi, et qui me demande avec un air de dégoût :

– Que vas-tu faire avec moi, petite sexologue ?

J'en ai vu d'autres dans la brousse bolivienne ou dans les faubourgs de Lima. Je ne me déconcentre pas et lui réponds très calmement que je ne peux rien pour lui. Lui seul peut agir. Il a tous les éléments pour cela, c'est un enfant blessé.

– Moi, un enfant blessé ?

Je ne réponds pas à ses provocations et je me contente de lui faire passer les tests, tout en restant détachée vis-à-vis de lui. Je comprends la lourdeur de la tâche qui m'attend, mais cela me plaît de plus en plus.

Je me rends compte que j'aime être au contact des gens, même des individus les plus complexes. Cette première expérience franchie avec succès me conforte dans la poursuite de mon apprentissage et me permet d'acquérir une crédibilité auprès de mes superviseurs, autant dans mon milieu de pratique qu'à l'université. Si je ne suis pas appréciée en tant que religieuse, je leur démontre que je suis capable d'intervenir en tant que sexologue, c'est l'essentiel…

Pour garder la forme et décompresser, je voyage toujours à vélo – une distance d'environ quinze kilomètres de ma résidence au lieu de mon stage –, qu'il fasse beau et chaud ou qu'il neige et qu'il vente. De 7 heures à 23 heures, je suis à mon poste. Je collabore également à des rencontres de groupe, attentive à toutes les possibilités d'apprentissage.

Ces années d'étude m'apprennent beaucoup sur les différentes pathologies que l'on rencontre. J'apprends surtout à me centrer au fond de moi-même et à renoncer à l'appui et à l'approbation des autres pour avancer dans la vie. Je réussis dans tous mes cours et suis reconnaissante envers ceux qui me permettent d'acquérir des connaissances reliées à plusieurs méthodes d'intervention clinique.

C'est en travaillant auprès des jeunes et des adultes, après avoir obtenu le titre de sexologue clinicienne, que me viendra l'idée de développer un modèle d'intervention globale en sexologie. En essayant d'intervenir avec les méthodes classiques, j'ai l'impression de ne pas répondre aux besoins réels des personnes. Parfois, j'utilise mes grilles d'évaluation d'infirmière et d'autres fois, celles de sexologue. J'en viendrai à intégrer les deux, évaluant à la fois les malaises ou le bien-être dans les domaines physique, affectif et intellectuel.

C'est en écoutant chacun que je constate l'absolue nécessité de prendre en considération les trois dimensions de l'être : le physique, l'affectif et le cognitif. Il est clair pour moi que la personne doit être traitée dans son ensemble pour se soigner de façon équilibrée. C'est grâce à mon expérience avec toutes les personnes que j'ai rencontrées, autant durant mes années passées dans le tiers-monde que dans le cadre de mes stages, qu'il m'apparaît évident que seule une méthode intégrale peut assurer une intervention adaptée et efficace.

*

* *

En 1989, j'obtiens enfin mon diplôme. Dans la foulée, je suis reconnue membre de l'Association des sexologues du Québec. Quelle joie et quelle satisfaction pour moi ! Tous mes efforts ont donc payé ! L'université a reconnu qu'une sœur était capable d'exercer, parallèlement à son activité de missionnaire, la profession de sexologue. Dorénavant, bien outillée, je souhaite aider les autres à surmonter leurs épreuves.

Au sein de ma congrégation, les autorités ont changé. Je dois maintenant composer avec une nouvelle supérieure générale qui ne voit pas d'un très bon œil la présence d'une sexologue chez les missionnaires de l'Immaculée-Conception. Une fois de plus, je ne peux souscrire à cette position. Je peux très bien être à la fois missionnaire, religieuse et sexologue. Je l'ai déjà prouvé. Cela correspond à mon appel profond, de même qu'aux besoins de la société.

Dans ces circonstances, je suis de nouveau orientée vers l'Amérique du Sud. On ne veut surtout plus de moi au Québec. Et cela tombe bien, car j'ai envie de retourner là-bas pour que les populations locales bénéficient du savoir et de la pratique que j'ai acquis.

Je suis donc rattachée à l'Amérique du Sud et relève de la nouvelle provinciale responsable de ce territoire. Ainsi, je peux poursuivre dans la voie que j'ai choisie. Et j'ai de la chance, la supérieure me semble très ouverte et consciente des problèmes sexuels chez les jeunes en général et chez les groupes religieux en particulier. Pour sa part, elle apprécie beaucoup de pouvoir disposer des services d'une sexologue.

– 7 –

Mes premiers pas de sexologue

En 1989, je repars en mission à Lima, au Pérou.

Je suis réintroduite à la Confer[1], où je suis chargée de donner des cours d'éducation sexuelle et de formation au célibat religieux aux postulants, novices et séminaristes. Je me retrouve en face de salles combles de deux cents à trois cents participants. J'apprendrai plus tard que c'est ma supérieure provinciale qui a insisté pour que les jeunes religieux en formation puissent recevoir ces cours.

Tout de suite, je sens que je suis beaucoup mieux préparée, que je dispose de bases plus solides pour mettre en place et développer différents

1. Conférence des religieux.

programmes d'éducation sexuelle. Ensuite, je commence à donner des ateliers à des formateurs[1].

Ces rencontres me conduiront vers d'autres pays d'Amérique latine ainsi qu'en Europe pour offrir ces formations. Je suis alors confrontée à ce que représente, en réalité, la création d'un concept nouveau qui répond aux demandes et aux besoins de base de l'individu.

Fidèle aux dynamiques du développement de l'être humain, je crée une théorie et une nouvelle École que j'appellerai plus tard « MIGS », le Modèle d'intervention globale en sexologie, dont je me sers encore aujourd'hui. Je connais des moments de grande créativité qui me poussent à continuer, mais aussi des moments difficiles où je dois me battre vaillamment, car… les critiques ne se font pas attendre !

C'est dans ce contexte et pour appliquer cette nouvelle méthode que je fonde en 1991, au Pérou, le Centre de développement psychologique sexuel et spirituel, le « CEDEPSE ». Avec l'aide d'un petit comité composé de professionnels (une consœur, deux psychologues, deux prêtres, un psychiatre et une sociologue), nous installons notre centre sur le toit d'une maison attenante à l'école

1. Responsables qui accompagnent les novices et postulants à la vie religieuse.

dirigée par les missionnaires de l'Immaculée-Conception. Ces nouveaux locaux deviennent une entité totalement indépendante des MIC.

En plus d'être membre de ma communauté religieuse, je deviens aussi à l'époque coopérante avec le CECI, le Centre canadien d'étude et de coopération internationale. Mon projet est de former des intervenants sur la méthode MIGS que je mets au point. Ils me donnent leur accord pour ce programme avec les objectifs précis que je leur ai soumis. Cela nous aide considérablement dans le développement du projet aussi bien en termes logistiques que financiers.

À cette époque, je commence à offrir une formation à des intervenants, comme je le fais encore aujourd'hui au Québec, dans le cadre d'un programme de niveau universitaire que je mets en place.

Un jour, une jeune fille se présente chez nous, à Lima, nous disant qu'elle souhaite entrer au couvent. Elle semble motivée, nous dit qu'elle peut nous assister dans toutes sortes de tâches. Comme j'ai grand besoin d'une aide pour la comptabilité du centre, je l'accueille à bras ouverts.

Cette jeune fille m'explique qu'elle fait des études d'infirmière. Je l'aide dans son apprentissage, lui prête mon appareil de mesure de la tension artérielle ainsi que mon stéthoscope. Tout se passe très bien avec elle, elle loge chez nous, s'intéresse à tout ce que je fais et participe même aux cours que je donne.

Mais alors que je suis dans la *selva* pour dispenser une formation à des jeunes, une consœur m'appelle, affolée : la jeune fille a disparu, en laissant toutes ses affaires au couvent. Que se passe-t-il ? Rien, c'est tout à fait normal ! C'est la signature du Sentier Lumineux qui envoie souvent des étudiants pour observer et espionner ce qui se passe. Ils veulent savoir si nous avons de l'argent et si on ne parle pas en mal d'eux. Ces espions bien formés posent beaucoup de questions, ils veulent tout savoir. Pour eux, l'étranger est un ennemi, et les missionnaires sont considérés comme des exploiteurs. Sans compter qu'ils veulent aussi détruire les homosexuels pour purifier la race au Pérou. Une fois qu'ils ont réuni toutes les informations nécessaires, leurs espions zélés disparaissent comme ils sont arrivés. Il me faut m'habituer à ces méthodes, et apprendre à travailler dans ces conditions.

À la fin des années 1980, la situation au Pérou est catastrophique. La crise économique s'est accentuée et le pays se retrouve aux prises avec une hyperinflation échappant à tout contrôle. De 114,5 % en 1987, le taux d'inflation est passé à 1 722 % en

1988, puis à 2 775 % en 1989 et à 7 650 % en 1990. Durant la période de septembre 1987 à septembre 1991, la monnaie nationale (l'inti) se dévalue tous les jours par rapport au dollar américain : (fin septembre 1987, 1 $ US = 33 intis) et (fin septembre 1991, 1 $ US = 1 000 000 d'intis). En fait, à cette époque, l'inti est remplacé par l'« inti million ». La récession entraîne une forte augmentation du chômage, du sous-emploi ainsi que de la pauvreté. Le pouvoir d'achat des travailleurs est réduit à son extrême limite et même les employés du gouvernement passent des mois sans être payés. Je côtoie des gens en souffrance qui luttent tous les jours pour manger et pour vivre… ça fait réfléchir. Dans tous les secteurs de l'emploi, il y a pratiquement un état de grève générale. Chaque jour, ces groupes affrontent l'armée dans les rues de Lima et des autres villes, faisant de nombreuses victimes.

Sur le plan économique, à titre d'exemple, l'acquisition d'une ligne téléphonique coûte plus de 2 000 $ US alors que le salaire mensuel d'une infirmière licenciée correspond à 20 $ US. Lima manque aussi d'eau et d'électricité. Le soir, on retourne souvent à la maison à la chandelle, en portant un seau d'eau.

Le 17 mai 1990, c'est le dixième anniversaire du début du mouvement terroriste Sentier Lumineux. Ils ne manquent pas l'occasion de le célébrer. Il y aura en tout 69 000 victimes lors de la guérilla qui a opposé les militaires péruviens aux terroristes entre 1980 et 2000. À ce moment-là, en 1990, personne ne sait comment ce conflit va se terminer. Pour toute la population du Pérou, vivre autant d'années dans la guerre développe des réflexes mais change surtout le sens de la vie. Il va sans dire que chaque instant a une valeur unique.

Je rapporte ci-après des faits qui illustrent la situation de guerre civile qui a sévi au Pérou. Le 10 janvier 1990, le président et le cardinal ont officiellement dit à la télévision : « Notre pays est en guerre et nous vivons l'une des périodes les plus pénibles de notre histoire. » L'ex-ministre de la Défense nationale venait d'être tué par balle en garant sa voiture. Chaque jour – cela depuis deux ans –, un membre ou partisan du gouvernement est assassiné et des petits villages sont détruits. Depuis les élections municipales de novembre, neuf maires élus ont été tués, de même que plusieurs de leurs collaborateurs. Chaque jour, des dizaines et parfois même des centaines d'innocents (hommes, femmes, jeunes, enfants) sont assassinés ou blessés… je n'exagère pas. J'oublie les milliers de jeunes disparus… Ceci est l'œuvre des mouvements terroristes, mais parfois aussi celle de l'armée qui, voulant leur faire la guerre, s'attaque également à des innocents.

À cette époque, il y a officiellement trois groupes de terroristes :

– Le Sentier Lumineux : ils donnent des ordres et quand leurs demandes ne sont pas respectées, ils tuent les gens impliqués. À titre d'exemple, ils défendent aux touristes de voyager en autobus d'une ville à l'autre, mais ils permettent les voyages en avion. Ils attaquent les touristes qui ne respectent pas ces lois. Ils sont contre la démocratie et assassinent des centaines de personnes. Ils réclament l'implantation de cellules terroristes dans certains villages et anéantissent ceux qui refusent de les accueillir. Ils sont contre tout projet de développement technique et agricole. Ils ont dynamité plus de cent cinquante tours de transmission électrique, détruit des centres agricoles. Ils demandent aux commerçants de leur payer mensuellement une taxe de soutien ; ceux qui ne paient pas sont assassinés et, parfois même, les membres de leur famille sont éliminés. En fin de compte, le Sentier Lumineux a ses lois et ses exigences qu'il fait connaître.

– Le mouvement révolutionnaire Tupac Amaru : pour lui, l'objectif est de faire disparaître toutes les personnes jugées déviantes ou nuisibles pour une société correcte, c'est-à-dire les drogués, les prostitués, les voleurs, les capitalistes, les homosexuels... etc.

– Le mouvement terroriste de l'ex-armée : son action est très diffuse, en attaquant sans distinction les terroristes et les innocents.

Dans cette guerre où tout le monde est impliqué, les départements et régions occupés par les terroristes sont identifiés par des drapeaux et des carrés rouges. Il est absolument interdit aux touristes d'y pénétrer. Deux jeunes Français ont été assassinés dans la zone rouge[1] d'Ayacucho. Nous, les religieuses MIC, sommes installées dans des zones rouges telles que Lima, Pucallpa, Yauri et Ayacucho. En tant que missionnaires canadiennes, nous pouvons rester là et poursuivre notre travail du moment qu'on ne fait pas de politique, de mise en place de petites entreprises ou d'analyse sociale. Notre défi est simplement d'accompagner un peuple en pleine détresse.

C'est dans les années 1991-1992 que Lima est prise d'assaut par le Sentier Lumineux. C'est la guerre, et il faut s'adapter à ses lois. Une nuit, de retour à la capitale après un voyage au Mexique,

1. Zone interdite.

je suis encerclée par plusieurs hommes qui se disent chauffeurs de taxi. Ils me supplient d'aller avec eux et négocient le prix. Il ne faut surtout pas prendre ce genre de taxi, car ils laissent ensuite leurs passagers sur le bord du chemin en gardant leur argent et leurs bagages. Peu leur importe que vous soyez une femme seule en pleine nuit. Ce sont des terroristes, et ils ne reculent devant aucune violence. Il faut se renseigner auprès du comptoir officiel pour trouver un chauffeur en règle, dûment enregistré.

Avec mon taxi – un vrai cette fois – je réussis finalement à rentrer chez moi en toute sécurité, ou presque. Sur la route de l'aéroport, des combattants ont dressé un barrage qui arrête toutes les voitures. Le chauffeur est obligé d'accélérer et fonce sur eux en me disant :

– C'est la loi de la guerre et il ne faut surtout pas s'arrêter, sinon ils nous prennent tout et nous tuent.

Nous sommes leurs ennemis, ils peuvent nous frapper à tout moment. Si on meurt, tant pis pour nous.

Après cette aventure nocturne, le chauffeur hésite à entrer dans Breña, le quartier où je réside. « C'est trop dangereux de s'y rendre de nuit. » Je le supplie de ne pas me laisser en plein milieu de la rue, seule avec mes valises, aux petites heures du matin. Contre un peu plus d'argent, il accepte de faire un détour pour entrer par le district voisin et me déposer chez moi. Mais au coin de la rue, juste avant d'arriver, d'autres hommes armés essaient de nous arrêter. Cette fois-ci, c'est moi qui leur crie par la vitre à peine entrouverte :

– *Soy la madre ! Soy la madre !* Je suis la sœur !

Ils nous laissent finalement passer. Enfin, devant la porte de ma maison, je demande un dernier service à mon chauffeur : qu'il attende que je sois entrée dans la résidence. Il n'en fera rien. Une ultime difficulté m'attend encore : ouvrir la barrière. Il me faut effectuer une manipulation avec la clé, car elle ne se débloque que de l'intérieur. Après quelques manœuvres, je réussis à entrer. Je suis rassurée d'être enfin chez moi, en toute sécurité, mais je me fais la réflexion suivante : il est impossible de vivre dans la guerre civile sans se briser de l'intérieur. Tout est violence et insécurité, mort et enlèvements. Comment peut-on progresser dans ces conditions ?

Les Péruviens réclament la paix à cor et à cri. Ils n'ont pas vu venir l'éclatement de cet horrible conflit. Il les a pris par surprise. Au début, ce n'étaient que des marches dans les rues où les gens réclamaient la justice. Il y avait de la casse, mais ça n'a pas été pris au sérieux.

*
* *

Le témoignage de consœurs vouées au soutien du peuple m'inspire. C'est la diversité des charismes. Pour moi, pour renouveler la vie religieuse, il faut absolument offrir une formation humaniste et tolérante, donc faire un travail sur sa libération intérieure. Avec cette guerre, les gens se divisent de plus en plus. Tandis que le peuple est confronté à des situations de vie bouleversantes, dans le monde religieux, les différentes déviances sexuelles semblent s'aggraver.

Devant un tel constat, je commence à développer des outils de traitement spécifiques. Je recherche des formes d'intervention simples car les gens n'ont pas les moyens de se payer des thérapies ou des psychanalyses. Bouleversée par la violence et la misère de ce monde auquel je suis confrontée, je crée des techniques d'intervention parmi lesquelles des exercices physiques thérapeutiques que je m'applique à moi-même.

J'avais déjà connu la guerre civile à La Paz, mais celle-ci est pour moi invivable.

Un matin, alors que je sors acheter du papier dans un magasin bon marché qu'on m'avait conseillé, une fusillade éclate. Tout se passe à la vitesse de l'éclair : des bruits sourds de coups de feu et tout le monde qui se jette au sol. Je m'écrase à mon tour. Ça me sauvera la vie. Des guerriers ont tiré sur la foule. En rentrant chez moi en taxi, je réalise que c'est presque la guerre totale.

La nuit, des bombes éclatent de plus en plus souvent autour de nous. Il faut assurer son équilibre, manger, dormir, se relaxer, méditer et travailler. En compagnie d'une amie religieuse, je pars à pied très tôt, le dimanche matin, pour marcher vers la mer en passant par un district plus cossu. Mon corps a besoin de beau et de mouvement pour juguler la terrible angoisse de mort qu'engendre la guerre. Cette prise de conscience est à l'origine de ma découverte de la marche thérapeutique. Chaque dimanche, nous marchons toute la journée. On se rend jusqu'au bord de l'océan Pacifique, pour marcher sur la plage. Je sens qu'à chaque fois l'air de la mer me guérit.

Pour éviter de nous faire voler, nous n'emportons absolument rien et n'enfilons que des vêtements très simples : un tee-shirt et un pantalon. On s'organise pour mettre un peu d'argent dans nos chaussures en cas de problème. Pour le lunch, juste un sandwich dans un sac en plastique transparent et une bouteille d'eau, le tout accroché à la ceinture. Pas question d'avoir un sac à dos et risquer de se faire attaquer.

C'est dans ces circonstances de grande tension que, en plus de la marche, je mets au point la technique de respiration thérapeutique. Elle accompagne la marche et contribue à libérer ses tensions et à se revitaliser. L'expiration permet d'expulser les malaises et l'inspiration actualise les forces de vie. Après avoir moi-même expérimenté ces techniques, j'entreprends de les enseigner aux religieux, prêtres et religieuses, ainsi qu'aux personnes que je rencontre. Par la suite s'ajoute la technique de l'expression spontanée avec le dessin et la pâte à modeler. Je commence à les faire dessiner et modeler leurs angoisses et leurs malaises. En cours d'exercice, l'émotion peut exploser… Je leur fais alors reprendre les exercices de respiration. C'est dans ce cadre qu'est créée l'approche clinique selon le MIGS (Modèle d'intervention globale en sexologie).

Mais malgré mes progrès, de nombreuses questions demeurent concernant le fonctionnement de l'être humain. Pour étudier et mieux comprendre le cerveau, je prends des cours de neurologie à la faculté de médecine de Lima. Cette formation me permet d'apprendre que l'être humain est doté de trois cerveaux (intellectuel, affectif et sensoriel) qui correspondent à trois niveaux de fonctionnement et qui sont représentés au moyen de trois cercles. C'est le schéma de base du MIGS.

En dispensant des formations à partir de ce modèle de base, je me sens mieux armée. Mes explications semblent tout à fait adaptées au fonctionnement profond de l'être humain. Plus je progresse, plus je comprends le fondement de certains sentiments amoureux, de la guerre, du célibat, de la vie de couple ou de la dépression. Lorsque je suis en présence d'une personne en détresse, dans un premier temps je lui propose des exercices de respiration ainsi que la marche, et ça fonctionne ! La personne progresse et nous pouvons travailler plus en profondeur.

*

* *

Durant toutes ces années, je souffre de la guerre et de ses nombreux effets, à savoir : les enfants tristes, les parents désespérés, la crise économique, le gouvernement impuissant, la police en crise psycho-sociale, les forces armées composées de plus en plus d'adolescents et les terroristes toujours plus organisés et sanguinaires.

Les attaques, sans cesse plus violentes, sont notre lot quotidien. Le centre de Miraflores – un des districts de Lima – est attaqué par le Sentier Lumineux. Le lendemain, à Villa Salvador, un quartier pauvre situé en banlieue, la mairie, le poste de police, l'école et le centre communautaire sont démolis. Ensuite, c'est au tour des bureaux de la chaîne de télévision Canal 2 ainsi que des maisons environnantes d'être totalement détruits. Puis, le centre de San Isidro – autre district de Lima – subit le même sort. Dans les différentes provinces, des villages entiers tombent entre les mains des terroristes avec leur lot de morts et de blessés. Des milliers d'hommes, de femmes et d'enfants innocents sont assassinés.

Une femme, vendeuse dans la rue à Miraflores, m'explique, le soir d'un attentat : « Je croyais que c'était la fin du monde. Les gens étaient projetés dans la rue par les fenêtres des édifices et des hôtels, on aurait dit un épouvantable cataclysme... C'était horrible, on retrouvait des parties de corps humains, les blessés hurlaient... »

Cependant, il ne s'agit pas d'un tremblement de terre ni d'une guerre contre un autre pays, ce sont nos frères péruviens qui détruisent leur terre. Pourquoi ? Soi-disant pour refaire un nouveau Pérou... mais à quel prix ?

En 1991, je suis attendue à Pacay Huayco, tout près d'Ayacucho, un petit village péruvien connu pour être un foyer d'activités terroristes. Je dois obéir aux rebelles et voyager en avion. À la première escale, à Cuzco, tous les passagers descendent, à l'exception d'un homme et moi. Une femme, agent de bord, vient s'assurer que nous allons toujours à Ayacucho. Devant nos réponses affirmatives, elle se prend la tête à deux mains et nous dit :

– Soyez très prudents.

Puis, se dirigeant vers la cabine de pilotage, elle se retourne brusquement :

– Surtout, revenez vivants !

Je commence à sentir la peur, celle qui vous noue la gorge et vous bloque le souffle, celle qui vous coupe les jambes et vous paralyse. Je suis au bord du malaise. Je me concentre alors sur ma respiration en expirant longuement et inspirant calmement. Ainsi, je commence à ressentir un léger soulagement. Par les haut-parleurs de l'avion, j'entends : « Maintenant Aero Perú se transforme en Aero Terreur. Nous atterrirons à Ayacucho dans une demi-heure. » Là, je suis effrayée. Je mets ma vie en danger ! Suis-je folle ou suicidaire ? Quand je ferme les yeux, j'ai l'impression que tout bouge dans tous les sens. Je respire encore plus profondément pour ne pas sombrer. Après quelques secondes, je me mets à frapper du talon en alternant le gauche et le droit. Mon cœur palpite, comme si je faisais l'ascension du Machu Picchu en courant. Il va rompre. J'abaisse la tablette devant moi et commence à faire les mêmes mouvements avec mes doigts. Progressivement, tout mon corps entre dans un rythme harmonieux, une respiration profonde – j'inspire la sécurité et expire la peur –, les pieds et les doigts suivant naturellement un mouvement régulier d'alternance de la gauche et de la droite. Comme venant du fond de moi, me reviennent le sens de ma vie, mes désirs profonds, les raisons pour lesquelles je suis missionnaire… Dans mon corps, je ressens encore de la frayeur, mais un calme et un sentiment de sécurité s'installent – comme si ma force de vie envahissait mon corps, ma pensée, enfin tout ce que je suis.

L'avion commence sa descente, je respire toujours calmement et profondément. Je suis bien, vivante et en possession de tous mes moyens. J'ai la certitude d'une présence réelle, qui fait à la fois partie de moi et qui est plus que moi. Étant chrétienne par mon éducation, une phrase me vient en tête : « Merci mon Dieu et protège-moi. » Ces mots, je les répète comme une berceuse.

Après l'atterrissage, l'équipage de l'avion reste à l'intérieur. Ils ont peur. L'hôtesse de l'air qui n'ose pas descendre nous souhaite un « bon courage » pas très rassurant. Derrière moi, la porte de l'avion se referme très vite. En bas de l'escalier, devant nous, une haie de soldats, longue d'au moins deux cents mètres. Tous sont armés, leurs fusils pointés vers le centre. Mon compagnon de voyage se tourne alors vers moi.

– Nous sommes en danger, me dit-il, inquiet.

Un homme en habit militaire me fait signe :

– *Pare.*

« Arrêtez-vous. » Il nous faut passer un par un leur contrôle. Vient mon tour de traverser cette haie de guerre. Je marche avec tout mon corps, le regard droit devant moi, puis récupère ma valise et vais à la rencontre d'Iñes, une consœur qui vit à Pacay Huayco. En riant nerveusement, je lui lance :

– C'est toute une haie d'honneur !

Elle me répond :

– *No has visto nada.* « Tu n'as rien vu. »

Nous sortons de cette ville fantôme et nous dirigeons vers les montagnes. En route, je découvre un autre paysage de désolation : des villages récemment brûlés. Rien à part la misère et quelques ruines encore fumantes. Iñes me raconte les drames et les atrocités vécus dans ce coin du monde où la violence est le pain quotidien. « Des familles complètes sont mortes brûlées. Les combattants du

Sentier Lumineux sont arrivés avec leurs tracteurs pour nettoyer la place. Ils rasent et suppriment toutes les habitations – des plus petites aux plus grandes – pour s'emparer des terrains. Ils massacrent et tuent. Les villageois les plus chanceux parviennent à se sauver, les autres périssent. » Les survivants viennent s'agglutiner dans les faubourgs de Lima après avoir marché durant des semaines en montagne, seuls, au péril de leur vie. Plusieurs vont mourir en route. La banlieue de Lima devient surpeuplée. Les sinistrés y accourent en pensant trouver un nouvel eldorado. Ils découvrent un nouvel enfer.

L'un des villages que nous traversons a été incendié la nuit précédente. Ma consœur me dit :

– Lorsque je suis passée ce matin pour venir te chercher, il y avait encore de la fumée. Il faut que tu saches que des femmes et des enfants y sont morts. Des combattants jettent de l'essence sur les maisons et y mettent le feu… ça brûle rapidement. Ils font ça pendant la nuit alors que les gens dorment.

Afin de ne plus être dépassée et engloutie émotionnellement par toutes ces horreurs, comme je l'étais lors de mes premiers pas à Lima, j'ai naturellement recours à la respiration abdominale. Je bouge mes pieds et mes doigts sur mes cuisses en alternant la gauche et la droite et j'y associe des pensées de force et de vie.

Après deux heures de route, nous arrivons enfin chez Iñes. Pas le temps de nous reposer car nous devons immédiatement nous rendre dans le village voisin où une grande fête est organisée. La *madre* de la place est tenue d'y assister pour donner la bénédiction. Nous nous y rendons en procession, en compagnie de jeunes du village avec lesquels nous traversons un petit sentier bordé de très beaux arbustes. C'est l'occasion pour moi de faire connaissance avec eux tout en pratiquant une marche thérapeutique qui me détend et me donne des forces après ce que je viens de traverser.

À l'aller tout se passe très bien, ma consœur ayant pris la précaution d'avertir le Sentier Lumineux pour qu'il nous autorise à violer son couvre-feu. Elle en connaît plusieurs membres et ils ont immédiatement accepté sa requête. Une fois au village, c'est la grande fête, comme j'en ai déjà connu plusieurs en Amérique du Sud. Les adultes boivent de la « *chicha* », un alcool fait avec du maïs macéré. Dans ces rares moments d'abandon, on parvient à oublier un peu le conflit. Ce petit village tout tranquille qui tente de s'évader par la pensée, le temps d'une soirée, se situe au cœur des opérations du Sentier Lumineux. C'est dans cette région que la guerre a commencé au début des années

1980. Après plus de dix ans de combats, les gens sont marqués dans l'âme et le corps par la souffrance et la détresse.

Au retour, vers 10 heures, la nuit est très sombre, sans lune, et nous nous éclairons avec des lampes de poche. Soudain, cachés dans les broussailles, des hommes crient : « Halte-là ! » La peur et l'angoisse reviennent en force. Nous nous arrêtons. Ces hommes, armés jusqu'aux dents, nous ordonnent alors de passer l'un après l'autre, à deux minutes d'intervalle, les mains sur la tête. Essayant de garder notre sang-froid, Iñes et moi proposons alors de placer une *madre* à l'avant du groupe et l'autre à l'arrière. Ils acceptent. Je passe la première. Il y a environ une vingtaine de jeunes avec nous, garçons et filles. Les terroristes s'amusent à tirer avec leurs fusils, pour nous faire peur. Terroriser fait partie de la guerre. Nous demandons aux jeunes de chanter sans arrêt l'*Ave Maria* tout au long du trajet. C'est un chant qui calme les agresseurs. Après tout, eux aussi sont issus d'une culture profondément religieuse. Le silence nocturne est rompu à la fois par le chant de notre groupe et les coups de fusil. C'est hallucinant.

À l'entrée du village, nous nous regroupons. Nous n'avons perdu aucun jeune. Nous sommes sauvés ! Iñes et moi avons la responsabilité de tous les reconduire chez eux, même ceux qui vivent dans les montagnes environnantes. Finalement, à 1 heure du matin, nous nous retrouvons toutes les deux, seules dans la rue, heureuses de la mission accomplie. Mais la nuit est courte. Je suis couchée sur un grabat en bois et les tirs résonnent toujours régulièrement. De façon spontanée, je me replonge dans cet état de sécurité intérieure où je retrouve mon souffle de vie. Déjà, à Lima, j'avais dû m'habituer au bruit des armes à feu.

Avec le lever du soleil, quelques rayons atteignent mon lit de fortune. J'entends des cris, des pleurs, des lamentations. Inquiète, je me rends dans la chambre d'Iñes. Avant même que j'ouvre la bouche, elle me dit :

– Il s'est passé quelque chose de grave, comme d'habitude.

Nous marchons vers la place publique en face de l'église. Horreur ! L'image qui m'apparaît alors est insoutenable et révoltante.

J'aperçois l'église avec son clocher pointant vers le ciel bleu et, sur le parvis en ciment brut, des corps étendus, ensanglantés, certains défigurés. Je suis ahurie. Je dois tourner les yeux vers l'horizon et les bouger sans arrêt, regardant le sommet des montagnes. Des enfants du village courent partout à travers les cadavres, à la recherche de leur père, oncle ou grand frère. Iñes reconnaît quelques victimes, tous des hommes assez jeunes. Elle dit :

– Allons visiter les familles. Les gens seront inconsolables. Il ne faut pas rester ici, c'est dangereux. Les meurtriers nous surveillent certainement. Nous devons nous soucier des victimes et des familles, tout le monde a besoin d'aide.

En route, une femme nous explique comment ça s'est passé : « Ils sont entrés avec les fusils, nous ordonnant de ne pas bouger. Mon petit-fils qui était avec moi s'est mis à pleurer et il ne fallait pas qu'il pleure. Ils sont partis avec mon mari et mon fils et nous les avons retrouvés morts, ce matin, sur la place. »

Alors que nous nous rendons chez une femme qui vient de perdre son dernier fils, je m'arrête tout près d'un petit garçon de huit ou neuf ans, assis sur une roche à l'angle de la rue. Il ne bouge pas, les yeux fixes, les mains tachées de sang. Ses orteils sortent de ses souliers trop courts. Il est vêtu d'un chandail percé aux coudes, d'un jean attaché avec une corde et d'un vieux chapeau. Je me penche vers lui. Il a un regard étrange. En posant mes mains sur ses jambes, je commence à faire des mouvements vers la gauche puis vers la droite, en alternance. À travers les déchirures du jean, je sens des blessures très récentes sur ses genoux. Tout en respirant, je continue ces mouvements comme une danse. Soudain, il se met à pleurer, me regarde et fait « non » de la tête en fixant le lieu où gisent les cadavres. Je lui demande de regarder plus loin, l'église puis le clocher et enfin le ciel bleu.

– Il y a des nuages, me dit-il entre deux sanglots.

Je lui réponds :

– Oui... dans la vie, il y a des nuages.

Et j'ajoute :

– Tu connais quelqu'un, là ?

Il pleure à chaudes larmes.

– Je les connais tous.

Pointant du doigt le corps le plus proche, il ajoute :

– C'est mon père.

Je l'invite à regarder les montagnes au loin. Je le fais respirer tout en continuant mes mouvements. Il suit mon rythme. Cela semble naturel et efficace.

Peu à peu, l'enfant se calme. Je lui demande où il habite... C'est tout près. Nous y allons ensemble et entrons chez lui où je retrouve ma consœur Iñes ainsi que la grand-mère du garçon. À peine six mois auparavant, le père de ce dernier avait été assassiné de la même façon et l'homme mort sur la place était en fait son oncle (le fils aîné de la grand-mère) qui avait pris la relève à la suite du décès du père. Assise sur le bord d'un lit bancal, la grand-mère, en larmes, est inconsolable. Je lui applique donc le même traitement qu'à son petit-fils. Elle essuie ses larmes et se mouche avec le bas de sa jupe. Le sol de la maison est en terre battue, la pièce est sombre, la lumière entrant uniquement par la porte. La grand-maman porte une vieille veste déchirée qui tombe sur sa jupe noire délavée. Elle crie sa détresse. Elle montre l'enfant et dit : « Il me reste seulement ce petit et il connaîtra sûrement le même sort que les autres. » Je la fais avancer pour l'asseoir devant la porte et lui demande de regarder le sommet des montagnes au loin, par-dessus le toit des maisons.

La chaise est branlante, couverte d'une peau de vache séchée. Sans doute un objet ancien, témoin silencieux de mille malheurs et de misères. Le garçon, étendu sur le côté du lit, respire fort. Iñes me parle de l'engagement et du mérite de cette femme courageuse.

La grand-mère nous raconte à nouveau l'événement en détail :

– Des membres d'un groupe terroriste ont frappé à la porte. Mon fils est allé se cacher derrière le rideau qui sépare la cuisine de la pièce à l'entrée. Ils ont défoncé la porte. Carlito (le garçon de neuf ans) s'est enroulé dans la couverture de laine. Ils lui ont donné un coup de bâton, puis ils ont pris mon fils, l'ont tiré dehors en me hurlant l'ordre de me taire. Je voulais retenir mon fils, ils m'ont poussée sur le lit. Mon fils criait : « Non, non, non ! Je dois rester avec ma vieille mère. »

En reprenant son souffle, elle dit :

– Je connaissais la suite…

Elle parle par saccades, en sanglotant. Je respire pour elle tout en faisant des mouvements en alternance sur ses genoux.

Tout d'un coup, la vieille dame repousse la touffe de cheveux qui couvre son visage et me regarde en expirant fortement. Son haleine sent la souffrance et le manque d'oxygène. Puis, elle porte son regard au loin, essuie ses dernières larmes et lance avec force :

– Je continue pour Carlito.

L'horreur est partout. Dans chaque maison visitée, on me parle de la disparition d'un membre de la famille : un père, une mère, un fils, une fille que tout le monde pleure en craignant que ce ne soit pas le dernier. Je rencontre également Fortunato, un adolescent de dix-sept ans qui porte la cicatrice d'une balle sur la poitrine. Son crime ? Il a refusé de rejoindre le Sentier Lumineux. Leur balle l'a handicapé à vie.

À tour de rôle, les habitants du village doivent faire la *ronda*, la « ronde », autrement dit la surveillance du village durant la soirée et la nuit.

Hommes, femmes et jeunes déambulent pendant douze heures consécutives pour monter la garde et protéger leurs familles. Le deuxième soir, je croise Dominga avec son nouveau-né de vingt jours sur le dos, faisant la *ronda* sous la pluie et le froid. Dans ces conditions extrêmes, tout le monde doit participer à l'effort de surveillance, jusqu'à en oublier certains besoins élémentaires.

Dans un village voisin, près des Andes, se trouve un collège de deux cents élèves dans un décor magnifique. À l'horizon, la cordillère des Andes, le soleil, les fleurs sauvages, des cactus de deux mètres de haut, le ciel bleu et l'air pur... Mais ces jeunes se sentent constamment menacés. Leur coin de terre est défiguré par cette guerre non conventionnelle, cette lutte qui ne dit pas son nom. Souvent, l'ennemi est insoupçonnable. Il peut être le terroriste ou le simple habitant du village qu'on croise chaque jour. Il peut également être le soldat ou le policier qui, sans raison, vous fait disparaître, sans procès, sans le moindre jugement.

Je passe trois jours avec ma consœur Iñes que je trouve extrêmement généreuse. Pour mon retour, j'utilise le transport public et je fais un arrêt de quelques jours à Ayacucho, car j'ai besoin de me recueillir sur cette terre de martyrs. Régulièrement, j'entends des coups de feu et je sais que des personnes meurent. Je suis dévastée, spirituellement et émotionnellement. Je ne comprends pas le Bon Dieu, je ne sais pas pourquoi il n'agit pas avec sa toute-puissance. Je me dis : « Nous sommes dans des situations d'urgence, Il peut intervenir, transformer le cœur humain, faire quelque chose. On ne laisse pas les gens comme ça dans la misère. »

*
* *

Mon retour à Lima s'effectue dans la tristesse, je suis encore bouleversée par tout ce que je viens de vivre. Depuis que je suis en Amérique latine, le pire est toujours à venir. Mais ce voyage est encore plus révélateur et va me donner encore plus la force de lutter aux côtés des gens en souffrance. Je vais enseigner à ces personnes la pratique de l'autotraitement développé dans la méthode MIGS afin qu'ils supportent mieux les chocs de la guerre.

C'est en 2002, après mes études doctorales, que je découvrirai avec enchantement l'effet d'une autre technique de bilatéralité compatible avec le MIGS : l'EMDR (*Eye Movement Desensitization and Reprocessing*). Elle consiste en une désensibilisation et une reprogrammation par les mouvements oculaires initiée par l'Américaine Francine Shapiro. Le soulagement de la souffrance psychique par les mouvements oculaires EMDR s'intègre à la technique du MIGS, laquelle utilise aussi la bilatéralité alternée.

À cette période, je travaille à temps complet au CEDEPSE[1] situé près du centre-ville de Lima. Je suis épanouie professionnellement, même si les situations auxquelles je suis confrontée sont souvent très difficiles à vivre. J'aide, j'écoute, je soulage et j'utilise à la fois ma formation universitaire et mes connaissances pragmatiques acquises sur le terrain.

*
* *

Les situations pénibles ne sont pas le propre de mon activité missionnaire. Il arrive que j'en connaisse aussi dans ma vie privée. Ainsi, avec trois amies, nous décidons de profiter d'un bel après-midi pour aller nous détendre sur la plage. Marcher dans le sable, nous baigner et respirer l'air iodé va nous régénérer. Vu l'insécurité générale, nous convenons d'aller sur une plage sécurisée par la

1. Centre de développement psycho-sexo-spirituel.

présence de gardiens. Je suis rassurée et contente de pouvoir enfin aller à la mer sans risquer d'être attaquée. Après une heure de route vers le sud de Lima, nous arrivons, très bien accueillies par les deux gardiens.

Cette balade me sort de mes difficultés quotidiennes. Je me sens revivre. À notre arrivée, la vue est superbe. Deux bandes de rochers s'avancent parallèlement dans la mer et la plage de sable, sise entre les deux, fait de cet endroit un petit paradis, bien loin de la guerre et de ses tragédies. Tout est merveilleux : le soleil, l'eau aux reflets verts et bleus, l'horizon à l'infini, les rochers à l'allure de bras protecteurs, le sable fin et l'excellent pique-nique préparé par mon amie Patricia. Cette dernière, après de bons moments de détente, a voulu profiter d'un peu de solitude et s'est dirigée vers le rocher du côté nord. La fin de l'après-midi arrive et les quelques familles présentes en ce lieu privilégié se préparent à partir. Voyant Patricia au loin, à la pointe du rocher, je décide d'aller la rejoindre pour l'inviter à quitter ce lieu de paix.

En cours de route, je ressens de l'inquiétude en apercevant un homme qui sort de derrière le rocher. Son regard m'apparaît hostile et je commence à flairer le danger. Je me souviens qu'un prêtre m'avait déjà confié qu'il venait ici pour y retrouver son copain. Cela semble être un lieu de rencontres pour les homosexuels. Je parviens donc à me calmer, estimant que cet homme a simplement ressenti un malaise en voyant deux femmes s'approcher si près de son repaire. De plus, la pensée qu'un prêtre puisse fréquenter cet endroit me rassure. Mais la réalité est tout autre. C'est incroyable comme le cerveau est habile à se forger des chimères pour vaincre la peur !

Sur le chemin du retour, deux hommes armés de pistolets apparaissent derrière nous : « Vous devez avancer tout droit, sans vous retourner ! » crient-ils. Nous sommes victimes d'une attaque à main armée. Je marche du côté de la mer, les pieds sur le sable mouillé, et je fixe l'horizon pour essayer de me calmer. Je supplie mes guides spirituels d'intervenir : « Marie-Immaculée, sainte Anne, protégez-nous. » Affolée, Patricia me murmure d'une voix très aiguë, à la limite des pleurs : « C'est la fin, on va mourir. » Je le pense aussi, mais je prends sur moi et lui réponds d'une voix très basse : « Respire et regarde l'horizon. » Au loin, nous observons deux hommes debout qui pointent leur arme par terre. Où sont nos compagnes ? En s'approchant un peu plus, on les aperçoit couchées sur le sable, prisonnières de ces deux autres terroristes. Où sont passés les gardiens ?

Enfin nous nous retrouvons ensemble, avec nos quatre malfaiteurs. Soudain, un cinquième homme apparaît sur une butte de sable et nous crie :

– Couchez-vous à plat ventre et ne bougez plus !

Mes copines tremblent et pleurent en étouffant leur voix dans le sable. Je n'arrive pas à croire que nous sommes dans une situation sans issue. Très fière et peut-être inconsciente, je refuse de me coucher à plat ventre, je garde un genou à terre et regarde les quatre hommes armés et leur complice ramasser nos sacs et nos sacoches. Je tente le tout pour le tout. D'une voix forte, en les fixant droit dans les yeux, je leur lance en espagnol :

– Nous sommes protégées par Dieu, vous ne pouvez pas nous toucher, sinon Il va sévèrement vous punir.

Je demande aux deux copines qui sont demeurées sur place si on leur a fait du mal. Leur « non » catégorique me soulage. Un long silence suit cet échange, juste troublé par le chant d'un oiseau. Après avoir ramassé tous nos avoirs, nos agresseurs nous intiment l'ordre de ne pas bouger et de demeurer sur les lieux pendant au moins une heure, nous assurant qu'ils tireraient sur nous, même à distance, si on se relevait. Ils partent lentement, leurs armes toujours pointées sur nous. Enfin, ne les voyant plus, nous nous asseyons sur le sable et décidons de respecter le délai imposé.

Péniblement, nous recouvrons en partie nos esprits après la violence de cette attaque. Nous discutons entre nous, doucement d'abord, de peur qu'ils nous entendent encore. En une fraction de seconde, cet endroit idyllique s'est transformé en un lieu de terreur. Même quand on croit s'y soustraire, on se rend compte que cette guerre est partout et touche tout le monde. Nulle part on ne peut se sentir à l'abri du danger. Mes copines sont en bikini, je porte un bermuda et un tee-shirt. C'est tout ce qui nous reste, ils nous ont tout pris.

Nous découvrons un peu plus tard les deux gardiens, bâillonnés, couchés par terre. À l'aide de cailloux tranchants, nous parvenons à les délivrer de leurs liens. Eux aussi se sont tout fait voler, y compris leurs uniformes.

Nous voulons quitter ces lieux et rentrer au plus vite, mais nous ne pouvons récupérer notre voiture. Les gardiens nous indiquent que nos voleurs ont garé leurs deux véhicules à côté du nôtre. On n'ose pas s'approcher de cet endroit, de peur qu'ils nous attendent sur le chemin qui conduit à la route. Doucement, la nuit tombe et l'obscurité progresse. Les gardiens nous conseillent alors de traverser les marais en ligne droite vers la route afin de faire de l'auto-stop et de nous rendre au poste de police le plus proche… lequel se trouve à dix kilomètres !

Après une heure de marche dans la boue à travers les roseaux, nous arrivons enfin sur la route principale. Mais là, nouvelle difficulté : aucun véhicule n'accepte de nous prendre en stop. Il s'agit d'une loi tacite : ici, on ne répond jamais aux piétons qui font signe de s'arrêter, c'est un truc de terroristes. Et leurs attaques sont quotidiennes. Au risque de notre vie, nous décidons alors de barrer la route en nous tenant toutes par la main. Nous offrons aux automobilistes une vision surréaliste de quatre femmes peu vêtues !

Mais aucun succès non plus, les conducteurs ne semblant pas sensibles à notre charme… Résultat : nous nous retrouvons dans un lieu désert, loin de tout, sans aucun recours, à la merci des bandes armées qui pullulent dans la région. Mais la chance nous sourit enfin. Au loin, nous apercevons un autobus qui arrive à toute allure. Nous barrons à nouveau la route en faisant de grands signes avec nos bras au risque de nous faire écraser. Cette fois, le chauffeur ralentit, et s'arrête à quelques centimètres de nous. Les passagers hurlent de peur. Je monte la première et leur explique rapidement notre situation. Le calme du désert en pleine nuit revient, le chauffeur autorise mes trois compagnes à monter, bien que vêtues de leur seul maillot deux-pièces. Nous resterons debout sur les marches de l'autobus jusqu'au poste de police.

En arrivant, nous ne sommes pas sauvées pour autant. Dans un petit commissariat isolé, nous présenter ainsi en pleine nuit n'est pas un gage de sécurité ! Ces hommes cumulent souvent deux fonctions : l'une officielle, dans la police, et l'autre, beaucoup plus rémunératrice, qui ressemble à celle de nos cinq agresseurs. D'ailleurs, il nous est très difficile de brosser un portrait des voleurs aux policiers : ils ont en tout point le même profil – même coupe de cheveux, mêmes pistolets, même démarche et même façon de parler. Les agents notent patiemment tout ce que nous leur déclarons et proposent à Patricia de l'emmener récupérer sa voiture, accompagnée de quatre policiers. Je m'adresse au chef, le suppliant de la traiter dignement et de bien prévenir ses hommes. Nous convenons que si notre compagne n'est pas revenue saine et sauve dans les deux heures, nous partirons à sa recherche, toutes les trois, avec le chef du poste.

Je ne suis pas rassurée pour autant. J'essaie alors de contacter par radio l'ambassade du Canada. Bien que la communication ne soit pas très audible, je parviens à lancer un appel d'urgence. Une lueur d'espoir semble enfin poindre à l'horizon… il me semble comprendre qu'ils envoient immédiatement quelqu'un nous retrouver. Là-dessus Patricia revient, sa voiture étant tractée par le véhicule de patrouille. Elle a juste le temps de nous dire très rapidement : « Tout s'est bien passé… ils m'ont respectée. » Une chose est certaine : nous ne pouvons plus rester sur place. Un poste de police est un endroit trop dangereux pour nous car il est régulièrement attaqué par les terroristes.

L'attente du secours qui doit venir de l'ambassade du Canada nous paraît durer une éternité. Nous sommes à peine à une heure de route de Lima et le premier appel a été lancé depuis déjà plus de trois heures ! Enfin, une voiture officielle avec le drapeau canadien arrive sur nous à toute vitesse, et le conducteur est accompagné d'un garde de sécurité qui pointe une mitraillette. Je nous crois enfin sauvées mais je me trompe. Manifestement, mon appel a dérangé le conducteur, un représentant du Canada qui assistait à une fête sur une plage privée à quelques kilomètres de là. Quand je lui demande de nous reconduire à Lima, il refuse, me disant :

– Le pire est passé, vous êtes vivantes et vous avez une voiture.

J'ai l'impression d'être dans un film d'horreur, je le supplie de faire son devoir, mais il ajoute :

– C'est trop dangereux pour nous de faire la route vers Lima à cette heure de la nuit, vous prendrez l'autobus demain matin.

Et il repart à toute allure poursuivre sa fête, nous laissant seules et démunies en pleine nuit au milieu de nulle part…

Quand le chef du poste de police réussit enfin à faire démarrer la voiture de Patricia avec un tournevis, il nous conseille de rentrer tout de suite à Lima sans jamais nous arrêter. Il est 3 heures du matin et nous pensons à nos proches qui nous manquent et avec qui il est impossible de communiquer. S'ils savaient…

Nous n'avons pas d'autre choix que de prendre la route à nos risques et périls. Le mot d'ordre : filer sans nous arrêter, peu importent les obstacles. À deux reprises, nous devons forcer des barrages et foncer sur des personnes qui bloquent la route. Elles n'ont pas toutes le temps de s'écarter de notre passage, mais tant pis, elles sont trop menaçantes. En situation de guerre, il ne faut surtout pas se demander si l'ennemi a été blessé ou s'il est mort.

Rendues à Lima, le danger est toujours aussi présent. Une fois chez Patricia, son père me propose de me ramener au couvent mais hésite quand je lui dis que je réside à Breña, dans un *barrio* peu recommandable. Finalement, il n'écoute que son courage et me dépose quand même chez moi, accompagné d'un voisin armé.

Lors de mon arrivée à la maison, une consœur m'attend ; elle craignait de ne plus jamais me revoir. Les plages du Pérou ont une réputation terrible. Pieds nus et tailladés, je dois encore me soigner et traiter les plaies qui menacent de s'infecter depuis notre épique traversée du marais. Il nous aura blessées autant qu'il nous aura sauvées.

Dès le lendemain matin, je retourne voir mes compagnes d'infortune pour évaluer leur état et apporter tous les soins appropriés à leurs pieds et à leurs jambes.

Dans les jours suivants, je me rends à l'ambassade du Canada pour dénoncer l'attitude de notre représentant à Lima cette nuit-là. On me demande d'écrire afin de relater exactement ce qui s'est passé, mais c'est en vain. Dans ces administrations, les gens pensent plus souvent à se protéger qu'à assurer réellement le service pour lequel ils sont payés. Je dois renoncer à une certaine justice et je perds l'illusion d'être protégée par nos représentants. Je ne peux compter que sur moi.

– 8 –

Une fermeture injuste

Parallèlement à ces éprouvantes aventures, je poursuis chaque jour ma tâche au sein du CEDEPSE. Un psychiatre travaille maintenant avec nous, il nous apporte beaucoup, apprécie notre approche et ce que nous y faisons. Grâce à toute l'équipe de professionnels mise en place, le centre connaît un tel succès que les locaux sont devenus trop petits. Pour nous agrandir, nous trouvons une belle maison blanche attenante à un grand parc. Elle est parfaite pour développer notre centre. Le seul problème, et il est de taille : son coût. 500 000 $ US. Nous ne disposons même pas du premier dollar pour le financer. Comment l'acquérir sans argent ? Je me rends à la succursale d'une banque canadienne et parviens à convaincre le président de nous prêter la somme sans intérêts, pendant six mois, parce qu'il s'agit d'une œuvre humanitaire. Le bonheur ! Nous avons trouvé notre espace idéal, un lieu d'accueil propice aux soins et à l'enseignement. Et maintenant, au travail.

Nous redoublons d'efforts et, au cours de cette période, l'activité est intense. Je me rends aussi en Europe pour y dispenser des formations rémunérées. Très vite, la banque nous libère d'une partie de la dette. Ce don est très appréciable pour nous. Après six mois, le prêt est remboursé et nous sommes entièrement propriétaires.

Nous procédons à un agrandissement en faisant construire sur le toit une salle de conférences et deux salles séparées par une vitre afin que je puisse observer les intervenants lors de leur formation à la méthode MIGS. Je commence aussi à former des psychologues à cette méthode d'intervention.

Les administrateurs me proposent de me libérer de la gestion du centre pour que je puisse me consacrer pleinement aux soins. Ils ont raison, je suis débordée. Ils décident de nommer une psychologue directrice générale. Mais cette dernière souhaite changer l'orientation de notre méthode pour faire de la psychologie traditionnelle. Je suis obligée de lui rappeler qu'il ne s'agit pas de cela, mais bien d'un centre d'étude et de développement intégral, l'essence même du CEDEPSE, le Centre de développement psycho-sexo-spirituel.

L'expérience de travail est extraordinaire à tous points de vue. En plus de notre nouvelle installation, les nombreux échanges entre les différents professionnels sont d'une richesse incroyable. Un service d'évaluation est également proposé aux personnes aspirant à la vie religieuse.

Ces années sont remplies d'événements intenses et riches, autant dans la joie que dans la détresse. Notre expérience au CEDEPSE est passionnante jusqu'au moment où des religieuses, libérées de malaises cachés, commencent à dénoncer des irrégularités dont elles sont victimes dans leur couvent. Il s'agit, notamment, d'abus sexuels et d'abus de pouvoir.

La nouvelle supérieure provinciale est nommée membre de notre conseil d'administration. Contrairement à la précédente, ouverte à ma mission et ne se laissant pas impressionner par des commentaires de religieuses qui refusent de voir la vérité, celle-ci est plutôt craintive. De plus, elle s'appuie sur l'opinion de la supérieure générale qui n'arrive pas à concevoir qu'une religieuse puisse être une sexologue.

Tout devient alors motif à questionnement : les marches du dimanche matin, le cours de karaté que je suis assidûment, la méthode d'intervention proposée (MIGS). Influencée par ses collègues du conseil d'administration, ma supérieure provinciale m'invite à cesser toutes mes activités, ce que je ne peux accepter, car il en va de ma survie et de mon équilibre. Je conviens que je sors de la norme et que je ne corresponds en rien à l'image qu'on peut se faire d'une bonne sœur.

Une mésaventure sportive illustre parfaitement mon décalage et la gêne que parfois je représente pour ma communauté. Lors d'un cours de karaté, en appliquant un coup qui permet de briser une planche en deux avec la tranche de main nue, je me blesse au petit doigt. Par chance, une amie m'obtient rapidement un rendez-vous en médecine sportive. Arrivée sur les lieux, je vois un homme attendre devant son bureau. J'ignore qu'il est le médecin. Je le salue poliment, il ne réagit pas. Je me tiens alors à côté de lui en attendant le docteur qui ne m'a pas reconnue, croyant avoir rendez-vous avec une religieuse standard. Voilà qu'il se retrouve en face d'une femme en tenue de sport, arrivée à vélo, qui vient de se blesser lors d'une démonstration d'arts martiaux, qui travaille comme sexologue et souhaite guérir le plus vite possible pour reprendre ses activités… Quand je me présente aussi à lui, il est pour le moins surpris. Chaque information que je lui donne l'étonne un peu plus. Il a du mal à cacher sa stupeur. Je ne corresponds en rien à la représentation qu'il se fait d'une religieuse. Je parviens à le rassurer. Non, je ne suis pas folle, ni illuminée. Juste un petit peu originale, mais cela n'a aucune conséquence sur le sérieux de mon travail, bien au contraire. Il me soigne efficacement et je peux reprendre mes activités sportives.

Un samedi matin, je dois partir avant le lever du jour avec une de mes amies, Marguerita, pour un voyage express à Huaraz, à environ quatre heures de Lima, avec un retour prévu le soir même. Huit heures de route dans la journée pour aller rencontrer une communauté pastorale. La perspective de partir m'enchante, même pour si peu de temps.

Quelle n'est pas notre surprise de constater que nous sommes le seul véhicule à circuler, à la sortie de Lima comme sur la route interdépartementale ! Notre premier étonnement passé, nous poursuivons notre chemin, heureuses de pouvoir rouler si facilement. Un bon moyen de se détendre et de profiter des paysages magnifiques du Pérou.

Dans les petits villages, nous traversons des barrages de soldats surpris de nous voir passer. Ils sont assis sur des bancs de fortune, la plupart occupés à jouer aux cartes. Ils n'ont même pas le temps de se lever, de prendre leurs armes et de nous intercepter. Pour nous, c'est la liberté. Mais après deux heures de route, la passagère qui profite de notre véhicule pour se rendre aussi à Huaraz avec ses deux enfants, d'une voix timide, nous dit : « Je crois que c'est une journée de "*Paro Armado*" », ce qui signifie qu'il est complètement interdit de circuler sur les routes ! Seuls les véhicules de police et des forces armées y sont autorisés. Comme nous n'avons pas écouté la radio, nous ignorions cette information. En fait, cette femme est morte de peur. Nous la rassurons en lui disant que nous sommes bénies de Dieu. Cela paraît simple, mais chez les gens très croyants une telle phrase prononcée par une religieuse est très sécurisante. Que faire alors ? La seule solution : poursuivre notre route innocemment en espérant ne pas nous faire arrêter.

Arrivées à destination, c'est l'étonnement : « D'où venez-vous ?… Impossible ! Vous êtes folles ! Où avez-vous la tête ? » Nous sommes comme des enfants qui ignorent le danger et qui se lancent aveuglément dans l'aventure. Et nous sommes récompensées de nos efforts et de notre insouciance. Nous passons une merveilleuse journée, nous rencontrons des gens formidables, et nous réussissons à mettre en place un programme permettant aux enfants qui vivent dans la rue de profiter d'un lieu de rencontre et de vie.

À la fin de l'après-midi, nous reprenons la route en traversant, toujours innocemment, des barrages gardés par des soldats. Mais tout près de Lima, le rêve prend fin. Cinq policiers armés nous interceptent. L'aventure était trop belle ! Ils n'apprécient pas du tout le fait que nous osions défier la règle du *Paro Armado*. Ils fouillent notre véhicule de fond en comble puis veulent nous fouiller à notre tour. Nous réclamons la présence de femmes policières et devons attendre une heure debout près du poste, pas très rassurées. Nous nous lançons dans de grandes explications pour leur faire comprendre qui nous sommes et d'où nous venons. Ils ne nous écoutent pas vraiment car, pour la police, oser circuler ce jour-là est forcément suspect. Heureusement, les femmes vont nous sauver. Dès l'arrivée des agentes, nous sommes autorisées à reprendre la route. L'absence de trafic nous permet de contempler Lima sous un autre angle. Le coucher du soleil, avec toute sa lumière, donne aux édifices anciens une couleur encore jamais observée.

Ces instants de bonheur m'aident à surmonter le climat d'inquiétude et d'insécurité dans lequel nous vivons. On ne sait jamais ce qui peut arriver.

Un jour, revenant en taxi d'une émission radiophonique à laquelle j'ai participé, j'entends à la radio que des bombes artisanales ont été lancées sur une maison voisine d'un centre des forces armées. Je crains le pire, car le CEDEPSE est contigu à un centre militaire. Quand j'arrive, je découvre l'édifice défiguré. Sa façade s'est écroulée, les fenêtres ont volé en éclats. Ma préoccupation concerne surtout la famille de gardiens qui habite dans le centre. Je prie pour qu'il ne leur soit rien arrivé. Le temps que je descende de la voiture, j'aperçois Juan, le père, qui se tient à l'extérieur du bâtiment, terrifié par ce qui vient de se produire. Plus loin, les enfants pleurent tandis que leur mère est en état de choc. Mais fort heureusement, les bombes n'ont atteint personne. Ils m'expliquent la violence et la rapidité des explosions.

Il faut gérer l'urgence. Nous faisons appel à des vitriers qui réparent les fenêtres le jour même. La garde civile m'informe que les bombes proviennent de l'autre côté du parc. Nous avons été victimes d'une erreur de tir. Les attaquants ciblaient le voisin qui fait partie des opposants au Sentier Lumineux. Dès l'entrée en classe des premiers étudiants, les ouvriers sont déjà à l'œuvre.

Les activités du centre se poursuivent malgré tout et les religieuses continuent de se confier à nous. Les victimes de sévices s'en ouvrent à leurs dirigeantes qui sont également membres du conseil d'administration du centre. Elles dénoncent les attitudes et les déviances sexuelles auxquelles elles sont confrontées au sein même des couvents.

Ces révélations provoquent un terrible émoi. Les membres du CA estiment que le travail que j'effectue auprès de ces jeunes femmes est très dangereux. Je sème la révolte chez elles, plus habituées au silence devant l'autorité qu'à la rébellion. La nouvelle responsable provinciale prend la même position ; elle désapprouve mon approche et me suspecte de fomenter une révolte des religieuses contre l'autorité. De quoi suis-je coupable ? D'inciter des jeunes femmes victimes d'abus sexuels à se libérer ? Cela devrait être un devoir pour chacun. Il devient évident dans mon esprit que le rôle d'autorité n'assure en rien la fidélité au célibat religieux. Plus je travaille en Amérique latine et même en Europe, plus je réalise à quel point le célibat religieux n'est pas rigoureusement vécu.

*

* *

En 1993, je pars en Europe pour donner une formation à des groupes de religieux, religieuses et prêtres. Ils sont environ une centaine de participants. Très vite, ils refusent mon enseignement. La majorité d'entre eux vit dans ce qu'on appelle la « Troisième Voie » : ils ont des aventures amoureuses entre eux et estiment que c'est tout à fait en accord avec le célibat religieux. En réalité, ce choix de vivre un faux célibat consacré s'avère très répandu. Les jeunes apprentis sont aussi entraînés dans cette débauche.

En 1994, je me rends en Espagne pour donner une formation. Les trois quarts des participants sont réfractaires à ma proposition de vivre un célibat dans la fidélité et l'enchantement. La supérieure générale, qui a demandé cette formation, l'a fait justement à cause de ces nombreux problèmes qu'elle rencontre au quotidien. Elle m'explique que le célibat consacré se vit très peu. Pour la rassurer, je lui confie que ce n'est pas du tout propre à son milieu ou à sa congrégation ; je suis confrontée à de telles situations partout dans le monde. Je ne sais pas si cela l'a rassurée…

À mon retour au Pérou, l'affrontement repart de plus belle. La guerre ne se vit pas qu'à l'extérieur contre le Sentier Lumineux, la bataille la plus âpre et la plus délicate, je la vis à l'intérieur de l'institution que j'ai créée. Les membres du conseil d'administration ne veulent plus collaborer, ils cherchent l'affrontement. Je deviens la cible, la femme dangereuse, celle par qui le scandale arrive. Les religieuses victimes dénoncent de plus en plus les irrégularités vécues dans leur couvent. Qu'y puis-je ? Si elles parlent, tant mieux. Si ces paroles peuvent contribuer à les libérer, alors je pourrai considérer que des femmes auront pris en main leur libération.

Je sens bien que c'est maintenant, en 1994, que tout se joue pour le CEDEPSE, tant celui-ci est sans cesse remis en cause. Afin de me libérer pour organiser les soins, j'ai délégué la responsabilité de l'administration du centre à quelques personnes que je jugeais compétentes. Je suis sûre de pouvoir compter sur elles pour la continuité de ce projet en développement. Je souhaite me dédier davantage à la personne, à mon métier, à l'aide, au soutien et à l'évaluation des interventions.

Le 8 février 1994, mon père décède, je vais devoir retourner rapidement au Québec pour assister à ses funérailles avec la famille. Ce même jour, je suis en réunion avec le comité de gestion du CEDEPSE. Je perçois de la part de certains membres une difficulté, voire une incapacité à comprendre. Les situations évoquées ne sont pas nécessairement exprimées de façon claire. C'est souvent dans les moments délicats que les oppositions se cristallisent. J'ai alors plus que jamais la sensation de ramer seule pour faire progresser notre œuvre. Je sens même un contre-courant qui empêche le projet d'avancer.

Pour mon voyage au Québec, j'ai prévu d'effectuer l'aller-retour dans la même semaine. Cependant, en vertu de la « sainte obéissance », mes supérieures majeures m'obligent à y rester trois mois. Je comprends tout de suite qu'un lourd conflit se trame en coulisses. J'informe tous les intervenants de mon départ et je demande au nouveau directeur du centre de poursuivre les activités malgré mon absence. Je suggère qu'on attende mon retour pour la continuation des cours de formation professionnelle : « Je pars pour trois mois, mais je vais négocier au Québec pour revenir plus rapidement. »

J'arrive à Québec juste à temps pour les funérailles. Quelques jours plus tard, je me rends à Montréal en vue de négocier mon retour immédiat au Pérou. J'ai pris de nombreux engagements que je ne peux pas faire attendre. Mais en vain... la « guerre sainte » est déclarée !

Je patiente alors trois mois au Québec. Que le temps est long, loin de ce théâtre d'opérations qui semble m'échapper un peu plus chaque jour. J'ai beau tourner en rond et me morfondre, je ne peux absolument rien faire d'où je suis. Je dois attendre et la patience n'est, hélas, pas ma première qualité.

Une semaine avant de retourner au Pérou, j'apprends par une consœur que des membres de l'association CEDEPSE, appuyés par l'autorité majeure de mon institut au Pérou, ont, au moyen de procédures légales, dissous l'association et fermé définitivement le centre. Stupeur et tristesse, je n'arrive pas à y croire. Ainsi, en à peine deux mois, ils auraient réussi à détruire ce qui représente des années de travail acharné, d'efforts de chaque instant pour créer cet institut destiné à offrir des services essentiels à la santé globale.

Je ne comprends pas ces façons d'agir. Du fin fond de ma peine, je les interprète comme la marque d'un terrorisme religieux. Tout cela est caché sous de faux discours et de fausses déclarations, laissant entendre que les décisions ont été prises « pour le bien de Marie-Paul ». J'en ai le cœur transpercé et, en moi, j'entends crier : « Ils ont tué mon enfant ! Pourquoi ? » Je dois vérifier le tout sur place.

Je prépare quand même mon retour en Amérique du Sud. Il ne me reste qu'un seul espoir : assurer la poursuite du projet d'éducation sexuelle. C'est tout un programme d'intervention que j'élabore depuis deux ans avec un groupe de cinq étudiantes. La dernière année, c'est même devenu un projet indépendant du centre qui a pris une ampleur internationale.

*
* *

Je me rends donc au Pérou afin d'animer ce projet, d'offrir une session aux éducateurs, de confier à mes collègues la poursuite du MIGS et de me préparer à quitter le pays. Le 12 mars 1994, mes collègues, les étudiants et quelques MIC se sont réunis à l'aéroport à 5 heures du matin pour mon arrivée. C'est la fête ! La joie se manifeste de part et d'autre.

À l'aéroport même, j'informe le personnel du CEDEPSE : « Je viens d'apprendre qu'en mon absence le conseil d'administration aurait dissous le centre. »

Le lendemain, je rencontre tout le personnel. Des intervenants, ayant décidé d'aller au fond de l'histoire, sont allés vérifier auprès du gouvernement, et voir les signatures. Le centre est vraiment dissous et fermé à clé. Les serrures ont été changées et je ne peux plus y entrer. Pourtant, le temps était venu, pour le projet CEDEPSE, d'offrir le meilleur.

Mes ennuis ne s'arrêtent pas là. Le mardi saint, je suis convoquée par l'archevêque de Lima et Primat du Pérou le samedi suivant à 10 heures du matin. Quelle surprise ! Cela m'étonne tellement que je ne sais plus quoi penser, mais je redoute le pire.

Le jour prévu, je me rends à cette convocation de l'archevêque où je dois écouter la lecture d'une lettre venant de la congrégation des religieux du Vatican. Elle fait référence à mon travail, notamment aux cours d'éducation sexuelle que je donne aux novices. L'affaire est grave. Elle évoque des problèmes que susciteraient ces cours chez les futures religieuses. Comment me justifier ? Lors d'une discussion avec Mgr l'archevêque, je me rends compte de la grande responsabilité qu'à leurs yeux je porte dans cette histoire. Le fait d'avoir fondé le CEDEPSE me rend responsable des différentes interventions des professionnels liés au projet.

Il est évident pour moi que je dois impérativement me rendre à Rome pour m'expliquer et justifier la formation que j'ai mise en place. Mais vais-je pouvoir, moi, une religieuse et sexologue, faire accepter ma théorie au Vatican alors que celle-ci fait déjà l'objet d'une accusation aussi forte de la part de religieuses, religieux et prêtres du conseil d'administration ? Après cette rencontre avec l'archevêque, j'avoue que je suis complètement perdue. La consternation me gagne, mais je dois persévérer.

Je ne veux surtout pas mettre ma congrégation en cause, d'aucune manière. Je dois maintenant accepter la réalité en face : des accusations ont été portées contre moi auprès de Rome, l'institution suprême. Pendant mon séjour au Québec, à la suite du décès de mon père, le conseil d'administration, dont fait partie ma nouvelle supérieure provinciale, a dissous le CEDEPSE que j'ai créé, sans prendre la peine de m'en informer. Cette fermeture est fortement critiquée par le CECI[1] et par d'autres groupes bénéficiaires.

Comme nous venions de terminer les démarches légales pour que le centre soit officiellement reconnu comme OBNL (organisme à but non lucratif), je continue à rencontrer des groupes et poursuis des formations que je dispense en Europe et en Amérique latine.

Le modèle théorique du centre a maintenant suffisamment mûri pour être systématisé. De nombreux professionnels (médecins, psychologues, etc.) sont prêts à soutenir ce projet pour en assurer la survie. Eux aussi y croient. Pour de mauvaises raisons, on a tué l'Association et le CEDEPSE, mais son contenu théorique et son esprit demeurent bien vivants. Le centre aurait eu quatre ans le 7 avril 1995. Sur un fond de lever de soleil, ses disciples crient : « On va de l'avant et le projet d'éducation sexuelle sera le nouveau CEDEPSE ambulant ! »

1. Centre canadien d'étude et de coopération internationale.

Cependant, quarante-huit heures plus tard, je reçois, comme chaque membre de l'équipe ainsi que différents organismes internationaux, des lettres notariées indiquant que le projet d'éducation sexuelle n'existe plus. En outre, deux étudiantes, alliées à mes adversaires, se sont approprié les droits d'auteur des écrits que je m'apprêtais à publier. Ainsi, la poursuite du travail des deux dernières années, les documents prêts à paraître, les promesses d'offrir cet instrument à l'Amérique latine, l'avenir et même l'espérance sont devenus un rêve impossible.

Cette période mouvementée est l'occasion pour moi de me rendre compte de la fidélité des gens qui restent, ces personnes qui travaillent leur « terre humaine ». C'est dans le deuil que je peux voir le soleil se lever sur cette terre blessée et remplie de valeurs affectives accrochées à la recherche de liberté. C'est aussi dans le deuil que je vois le soleil se coucher sur des terres arides, non travaillées et ligotées au pouvoir.

*
* *

... Et c'est dans la peine que je vais quitter temporairement le Pérou. Les vrais amis, ceux qui restent envers et contre tous, sont là le jour de mon départ. Ils me soutiennent autant par leur présence que par leur engagement. Au milieu d'eux, je formule alors une prière : « Seigneur, fais que ce pain et ce vin constitués du labeur, des souffrances, des luttes et de l'espérance de mes frères et sœurs se transforment en vie abondante. » La folie de la Croix, sans la Résurrection, rend l'humanité impossible. C'est le lever de soleil du matin de Pâques qui nous permet de vivre, de traverser, dans nos histoires personnelles, l'échec, l'injustice, la violence et la mort qui sont inévitables.

Pour la poursuite de ma mission, je m'envole vers la Colombie, que l'on qualifie souvent de nation la plus violente du monde. C'est sur cette terre que je suis appelée à vivre le début de cette année de deuil. Je poursuis quand même ma route et continue à offrir les sessions de formation déjà programmées.

J'échappe à une attaque de la guérilla. Des balles perdues traversent le véhicule où je prends place. Heureusement, il n'y aura aucune personne blessée.

Je me sens souvent impuissante, je trouve de plus en plus difficile de puiser à ma source vive. Ma prière se fait de plus en plus courte et intense : « Seigneur, Dieu de la Vie, garde-moi dans ton amour. » Chaque fois, je trouve la force et le courage d'aller de l'avant.

À cette période, je suis comme une « sœur volante » entre l'Amérique latine et le Québec. Je voyage entre la terre de ma naissance et celle de ma mission. C'est l'été, je prends une vacance au Québec. Les arbres et leurs feuilles vertes, le soleil chaud, les grands espaces, les jardins fleuris. Je sens en moi le cri de la vie : « Comme c'est beau, le Québec ! » Quand on est en deuil, on voit le monde différemment. J'ai vécu trop de contrastes en peu de temps. À Québec, je marche sur les plaines d'Abraham en respirant à pleins poumons la paix, la liberté, la nature et sa beauté, le droit d'espérer. Quelle liberté de pouvoir circuler de façon anonyme, sans être reconnue par les gens. Enfin, je me sens libérée de l'inévitable popularité que j'ai acquise au Pérou et en Colombie, où je ne m'appartenais plus. Je ne vivais que pour les autres, j'étais devenue une personne-ressource indispensable et j'étais entrée dans ce tourbillon incontrôlable.

Ce séjour sur ma terre natale me permet de retrouver mes racines, ma mer, ma terre, mon soleil et ma bicyclette au grand vent ; tous ces charmes oubliés me permettent de chanter : « Regarde avec amour sur les bords du grand fleuve… » La visite de plusieurs villages me rappelle la dévotion au Sacré-Cœur, à sainte Anne, à la Vierge Immaculée, à saint Joseph. C'est la foi de mes parents et de mes ancêtres, c'est la foi de mon peuple qui me rejoint dans tous mes tissus mutilés par l'amertume.

Mais cette quiétude n'est que de courte durée. Au cours de ce même été, je suis convoquée à une assemblée du conseil majeur de ma congrégation à laquelle est présent un canoniste renommé. En m'y rendant, j'ignore que je suis invitée à un « procès canonique » ! Ce 28 juillet est pour moi une montée au calvaire. Je ne comprends pas ce qu'on me reproche. Cette litanie de blâmes dure une journée entière. La seule chose qui restera claire pour moi est que ma parole et ma personne ne valent rien pour ces femmes dont la première mission est pourtant de promouvoir la vie. Je ne retrouve pas le charisme de mes sœurs MIC. Je finis par comprendre que les auteurs de la guerre religieuse du Pérou ont influencé l'opinion de mes supérieures à Montréal. Un nouveau deuil commence, alors que les précédents ne sont pas encore guéris.

Sonnée, je passe la nuit dans les jardins à contempler les étoiles. Tout se passe comme lorsque j'étais petite fille à Sainte-Luce, alors que je les regardais pour me calmer et me consoler chaque fois que l'on me trouvait une grave maladie ou que les médecins prédisaient ma mort. Les étoiles m'apaisent et me rassurent.

Je me sens comme à la dérive en pleine mer, frappée par un furieux vent du nord, sans que personne ne puisse entendre mon cri d'alerte. Heureusement, une consœur m'a accompagnée à cette rencontre mais, au terme de celle-ci, elle s'avoue désarmée devant tant d'incompréhension et d'injustice. Dans ces moments pénibles à l'extrême, seule la respiration thérapeutique me permet de survivre. Pour le reste, il faut remettre à plus tard.

*
* *

Au mois d'août, je visite mon village natal au bord du Saint-Laurent. Quelle cure de jouvence ! En contemplant la mer, je retrouve la force de lutter, de continuer, d'aller de l'avant sans trop regarder en arrière. Un matin, très tôt, à marée basse, j'aperçois un enfant qui lance des cailloux dans l'eau. Le soleil a beau se lever, se coucher, moi, durant la nuit, je ne peux le voir, car d'autres personnes, du côté opposé de cette même planète, reçoivent ses rayons. En fait, tout dépend de l'endroit où je suis placée et de ma façon de regarder. Oui, le soleil est toujours là et il m'appartient de demeurer dans la lumière.

Chaque soir, lorsque je me couche, j'ai un nœud dans le cœur. Je dois respirer profondément. En même temps que cette épreuve morale, je suis confrontée une nouvelle fois à une grande épreuve physique : la maladie. Je suis touchée par une bactérie tropicale mortelle. Je me sens mourir mais j'ignore pourquoi. Je consulte plusieurs médecins mais, chaque fois, j'ai l'impression qu'ils ne savent pas pourquoi je dépéris à ce point. Leur constat est sans ambiguïté : si on ne me soigne pas très rapidement, je ne terminerai pas l'année. C'est seulement le troisième médecin consulté qui réussira à poser le bon diagnostic. La tuberculose avait fait des ravages au foie. Mon état de santé est effectivement très grave. Comme j'ai tardé à le prendre en charge, le traitement est très lourd et très strict, mais il faut tenter le tout pour le tout. Une nouvelle fois, ça marche.

Au cours des mois suivants, ma condition s'améliore de façon impressionnante. Je retrouve mes forces de vie.

Je poursuis mon travail à l'international (y compris au Pérou) et je reçois une demande de formation en provenance de Rome. Enfin ! C'est pour moi une incroyable opportunité de réaliser mon premier voyage au Vatican où je tiens tant à me rendre à la suite de la lettre que la congrégation des religieux a transmise à l'archevêque de Lima. Je vais enfin pouvoir clarifier ma situation.

TROISIÈME PARTIE

Pèlerinages à Rome

– 1 –

Premier vol vers le Vatican

Ce premier départ pour Rome suscite en moi de nombreuses inquiétudes. J'ai fait part de mes craintes à quelques proches ainsi qu'à l'évêque de Majorque – que j'ai rencontré lors d'une formation que j'ai donnée à son clergé –, lequel a décidé d'envoyer un prêtre pour m'accompagner faire mes premiers pas à Rome. Je perçois également un certain désarroi chez mes autorités religieuses. Dans ces circonstances, se pourrait-il que le Vatican fasse de moi une bonne religieuse qui ne parlerait plus de sexualité ? Pour le monde religieux, être infirmière et prodiguer des soins physiques, c'est quand même plus noble et plus valorisant… Je dois faire face à la réalité : je fais l'objet d'accusations erronées de la part de la congrégation des religieux. Séjournant au Pérou, le 18 septembre 1994, c'est de Lima que je m'envole vers Rome…

Lundi 19 septembre. L'avion atterrit à Rome à 11 h 30. Très préoccupée, je me sens seule. Heureusement, j'aperçois Lorenzo, le prêtre qui, à la demande de son évêque, arrive de Majorque.

Tout cela me semble démesuré. Moi, une fille de la campagne qui a trait des vaches, semé, récolté et porté des seaux d'eau, j'ai contemplé le monde, l'adolescent, l'enfant qui pleurait. Je suis entrée dans la taverne à la recherche de l'homme pour construire un monde meilleur. J'ai trouvé un monde si meurtri, si blessé, si abandonné. J'ai découvert les nombreuses turpitudes du monde religieux et sa détresse. Le passé, tout ce que j'ai vécu auparavant, tourne dans ma tête comme un film. Aujourd'hui j'ai quarante-sept ans. « Pourquoi ce voyage ? »… la question revient encore.

Pour la première fois de ma vie, je suis à Rome et j'y ai rendez-vous avec les plus hautes autorités de l'Église. Qu'ai-je fait de mal pour devoir rencontrer ainsi la direction de la congrégation des religieux du Vatican ? Dans la lettre transmise au primat du Pérou, ils mentionnent que j'ai provoqué des abandons de vocation, des avortements. Je viens pour m'expliquer, mais… expliquer quoi ?

Nous prenons le train jusqu'à Termini. Puis un taxi nous conduit dans une résidence de religieuses, de type auberge. Nous sommes accueillis très poliment par une sœur qui nous pose de nombreuses questions. Elle nous demande ensuite si nous sommes des religieux. Lorenzo lui répond simplement par l'affirmative. Elle renchérit et nous demande si nous souhaitons une ou deux chambres. Étrange question ! Dans quel monde sommes-nous ? Lorenzo répond, un peu ennuyé, qu'il a réservé deux chambres... On nous conduit à une porte marquée d'un numéro unique. Celle-ci s'ouvre sur un petit hall menant effectivement à deux autres portes, une pour chaque chambre. Quel soulagement ! Maintenant, nous comprenons les questions posées à l'arrivée – religieux ou pas, peu importe, les rencontres peuvent se réaliser dans l'anonymat et en toute impunité...

Rome est pour moi une révélation : ses rues, son trafic, ses ruines... Parcourir cette cité, l'un des berceaux de l'humanité, dans les rues de laquelle plusieurs siècles d'Histoire et de religion nous contemplent, m'émeut. J'erre dans les rues du passé de l'humanité. J'ai juste voulu dire à celui qui était blessé : « N'aie pas peur, tu peux guérir de tes blessures. » De quoi m'accuse-t-on ? Qu'ai-je fait ? J'admire enfin les peintures de Caravaggio. Quelle lumière ! Tout est impressionnant, tout est beau. Oui, je me sens bien à Rome.

Nous prenons l'autobus et arrivons à la place Saint-Pierre dont les colonnes, à l'entrée, ressemblent à des bras ouverts. Je m'arrête devant les bureaux de la place Pie XII, porte 3, où se tiendra mon rendez-vous samedi prochain.

Le soir tombe, la lune est magnifique. Je me détends et me souviens de moments de mon enfance passée à la campagne, lorsque je regardais la lune, que j'écoutais le son de la rivière ou que je suivais des yeux le vol des papillons en riant. Tout cela me faisait beaucoup de bien.

L'heure avance, je m'écroule de fatigue. Lorsque je rentre à la pension, j'ai un message, je dois rappeler ma supérieure générale. Bonne nouvelle de Montréal au téléphone : le recteur du Collège canadien à Rome est disposé à m'accompagner au rendez-vous. Il a pris connaissance du dossier, mais souhaite plus d'explications. Il a en sa possession une lettre de ma supérieure générale l'autorisant à la représenter. D'après le ton de cet appel, il apparaît évident que se présenter au Vatican à la suite d'une telle accusation est une chose grave.

Mardi 20 septembre. Deuxième journée à Rome. Accompagnée de Lorenzo qui connaît la ville comme sa poche, nous continuons notre découverte de cette merveilleuse cité.

En traversant la place Saint-Pierre, nous nous rendons à la congrégation des religieux avec l'intention de confirmer ma présence à Rome ainsi que le rendez-vous du samedi. C'est fait ! Maintenant je suis officiellement enregistrée, le « procès » aura bien lieu. Il ne me reste plus qu'à attendre ma sentence.

Je rencontre ensuite un évêque américain qui œuvre au Pérou, Mgr Mc Nabb. C'est en me présentant à la porte du couvent de sa congrégation que j'ai la chance de voir cet homme d'Église qui se distingue par son humour et sa simplicité. Je savais que les évêques du Pérou étaient en visite *ad limina*[1] à Rome, pour rencontrer le pape. En me présentant comme « Marie-Paul du Pérou », j'ai immédiatement droit à son accueil sincère et gratuit. Mgr Mc Nabb se demande ce que je fais à Rome : « Es-tu convoquée toi aussi à la rencontre avec le pape ? Il te faudra un habit d'évêque… me dit-il en rigolant. » Je l'informe de ma situation. Il m'aide à relativiser les événements : « C'est clair, à Rome, il n'y a pas de quoi se préoccuper, tout

1. Voyage que les évêques catholiques, depuis 1911, doivent faire tous les cinq ans à Rome pour rendre compte de leur administration au souverain pontife.

s'arrange... » Il me donne de précieux conseils pour préparer mon entretien en me disant justement de ne rien préparer du tout : « N'apporte rien, absolument rien. Sois toi-même, c'est tout. »

Je n'arrive pas à comprendre comment il peut me dire tout cela avec tant de calme et de sérénité, et qui plus est en riant. Je lui réponds qu'il m'est facile d'être moi, mais... à Rome, comment faire avec tous les conseils que j'ai reçus, toutes les mises en garde et toute cette défiance que je sens autour de moi ? Il rit toujours et, selon lui, il ne faut pas que je sois naïve. « Et alors, quoi ? », ai-je insisté. « Eh oui, sois toi-même, tu verras. »

Nous passons ensuite tout l'après-midi à déambuler dans la cité papale, le cœur de plus en plus léger. Au contact de ce sage, évêque depuis trente ans, je m'allège de tous les poids qui me minaient depuis des semaines. C'est un après-midi tout à fait curatif, rempli de rires. Lorenzo et moi l'accompagnons dans sa recherche d'une soutane pour rencontrer le pape le lendemain. La sienne est trop abîmée. Il m'invite à en essayer une... « Pour ta future mission », me dit-il. En longeant les vitrines des boutiques, il me fait part, d'un ton très amusé : « On ne va pas entrer là sinon nous finirons par perdre la foi. » Je remarque que le fait de s'habiller pompeusement n'est pour lui d'aucun intérêt.

Nous allons prendre une consommation à la terrasse d'un bar. C'est animé et vivant. Nous lui racontons l'expérience vécue à la réception de notre pension. Il dit, toujours en riant : « Quelle bonne pension ! Donne-moi l'adresse. C'est très intéressant, ce hall avec les deux portes… » Son rire nous révèle qu'il est sain, on peut tout lui raconter, le moindre détail l'intéresse. Oui, c'est le peuple qui forme son pasteur.

Alors que je traverse la place Saint-Pierre, la façade de la basilique attire mon attention. Le pasteur s'arrête et, en regardant le ciel, il s'exclame : « Comme elle est belle, cette lune ! » Oui, la lune est pleine et elle me fait penser à celle de mon village. Il faut être libre et naturel pour contempler le beau.

Cette séance de shopping religieux m'a donné un second souffle, et me fait complètement oublier pourquoi je suis à Rome.

Mercredi 21 septembre. Au lever du jour il pleut ; c'est une belle occasion pour visiter des musées. Nous allons au Vatican et je suis particulièrement impressionnée par les tableaux de grands peintres. Je m'arrête à nouveau devant ceux de Caravaggio pour admirer son expression et sa lumière. J'apprécie également les œuvres de Marino Marini, qui montrent à la fois la présence et le manque d'harmonie dans le monde. Les toiles de l'artiste Hajnal m'interpellent aussi. Puis nous visitons la chapelle Sixtine qui vient d'être rénovée. Quelle merveille ! À la fin de notre visite, le professeur Mario Ferrazza, directeur du musée d'Art moderne, nous accueille dans son bureau.

Par la suite, place Saint-Pierre, nous passons voir le tombeau de Jean XXIII. Dans un silence profond, j'éprouve des moments de grande paix. Nous poursuivons notre marche dans de longs corridors… Que de souvenirs ! Jean-Paul Ier (le grand mystère)… Paul VI… Pie XII… autant de noms et de personnalités pleines de signification pour moi.

Cette visite de la basilique Saint-Pierre est marquée par de longs moments de quiétude. Les nombreux visiteurs font de cet endroit une « terre sainte ».

Jeudi 22 septembre. J'ai l'impression de vivre la semaine sainte. Chaque jour passé me fait comprendre ce qu'un être humain peut ressentir face à une condamnation… seul pour se défendre.

Nous nous rendons au Collège canadien[1] pour faire connaissance avec les représentants de ma

1. Ministère canadien à la cité du Vatican.

supérieure. J'apprécie au plus haut point l'accueil et la réceptivité de ces prêtres ambassadeurs. Ceux-ci m'assurent qu'ils m'accompagneront à la rencontre officielle au Vatican avec Lorenzo.

Dans l'après-midi, nous nous rendons chez l'artiste Giovanni Hajnal. C'est bon d'être là. Nous observons avec attention cet homme, cet artiste qui possède une si grande sensibilité. Son épouse, de son côté, nous regarde discrètement et fait en sorte que nous nous sentions comme chez nous. La présentation des œuvres de Hajnal qui nous est faite m'assure que cet artiste apporte au monde un message de paix, d'harmonie et de beauté sans pareil. C'est lui qui est l'auteur des vitraux de l'Église nationale canadienne à Rome, de ceux de la salle d'audience du Pontificalis, de la chapelle Redemptoris Mater du Vatican, du sanctuaire de San Giuseppe, de la cathédrale de Milan et de tant d'autres. Il est aussi l'auteur de beaucoup de peintures qu'on peut admirer au musée du Vatican et à l'intérieur de différentes églises à Rome. Le nombre d'œuvres d'art de Hajnal est incroyable et chacune d'elles est tellement riche qu'on dirait le travail d'une vie.

Sa femme m'offre même des photos des œuvres principales de son mari. Les moments passés avec ce couple ont été très agréables.

Vendredi 23 septembre. La veille du grand rendez-vous, j'éprouve le besoin de sortir pour m'aérer. Je suis fatiguée du bruit des sirènes de Rome, de la circulation et de l'atmosphère si lourde de la ville. Après environ deux heures de marche, j'arrive dans un parc. Mes poumons respirent mieux, je suis beaucoup moins tendue. Je suis prête pour le grand jour.

De retour à ma pension, je réussis à contacter Mgr Mc Nabb. J'apprends qu'il a essayé de me joindre par téléphone et que la sœur réceptionniste lui a dit que je ne logeais pas là. Je suis agacée. Comment la religieuse peut-elle dire que je ne loge pas là alors que je suis à Rome depuis lundi et bien identifiée par mon nom et celui de ma congrégation religieuse ? Franchement !

Lors de cette communication, Mgr Mc Nabb m'informe qu'il a rencontré le pape et que, pour ce faire, il a emprunté une vieille soutane noire, négligeant même de porter tout signe d'apparat violet correspondant à son statut.

En fin de journée, j'ai le plaisir de me voir confirmer un rendez-vous pour le lendemain, à 12 heures, avec le supérieur général de la communauté des jésuites que je tiens absolument à rencontrer.

Samedi 24 septembre. Le fameux samedi arrive enfin ! Le jour est clair, je me sens tranquille et sereine, pleine de confiance en moi. « Personne ne peut me séparer de l'Amour et de la Vie. »

*
* *

Vêtue d'une jupe bleu marine et d'une veste, fait très inhabituel chez moi, je retrouve Lorenzo habillé de noir avec un col romain. Nous décidons de nous rendre à la Basilique pour la messe célébrée à 7 h 30.

Dans la rue, nous saluons quelques prostituées qui terminent leur travail. Rome est une ville de contrastes. Je contemple ces femmes souffrantes dont le regard tente d'éviter le nôtre. Nous arrivons parmi les premiers à la place Saint-Pierre. Les portes sont encore fermées. Le jour commence à poindre et je me sens cette fois un peu nerveuse. En entrant dans la Basilique, je suis impressionnée par le silence. Les évêques péruviens qui vont célébrer la messe arrivent un par un. Avec joie, j'en salue quelques-uns qui, en me voyant, se montrent tous très surpris. Quand je leur explique la raison de ma visite à Rome, ils en restent stupéfaits et promettent de prier pour moi à la messe. Seulement, j'ignore à ce moment-là qu'il y a parmi eux des fourbes qui peuvent me trahir.

Le rendez-vous approche, nous nous dirigeons vers la place Pie XII. En arrivant, nous rencontrons le recteur et le vice-recteur du Collège canadien...

C'est bientôt l'heure. Je suis un peu nerveuse, il est trop tard pour réfléchir à ce que je vais dire. Je songe seulement au conseil du pasteur : « Sois toi ! »

À notre entrée dans le salon d'audience, le cardinal de la congrégation des religieux s'exclame : « Sœur Marie-Paul s'est multipliée en hommes ! » En effet, je suis accompagnée par trois hommes. Nous rions un peu, cela détend. L'un des premiers gestes du cardinal attire mon attention et me rassure : au lieu de s'asseoir à la place qui lui est désignée, il prend une autre chaise qu'il pose en face de moi. Je suis assise dans un grand fauteuil, entre le recteur et le vice-recteur. Sur une autre chaise, à droite, se trouve Lorenzo.

Le cardinal dissipe immédiatement tout climat de jugement et il explique m'avoir donné rendez-vous car il veut en savoir plus sur ma théorie. Il me dit qu'il a pu lire les notes d'une session que j'ai donnée à Majorque en juillet 1993. En outre, élément très important, il signale ne pas du tout se souvenir du contenu de la fameuse lettre d'accusation qui a été transmise à l'archevêque de Lima.

Dès le début de l'entretien avec le cardinal, je me sens comme chez moi. Je peux être moi-même. L'entrevue dure environ une heure et demie, mais elle me semble courte. La première question concerne ma formation en sexologie. Je commence alors à raconter mon histoire professionnelle sans tenir compte des conseils venant de certaines personnes qui connaissent bien ce genre d'entrevue à Rome et qui m'ont recommandé de parler peu, d'être prudente et de ne pas trop en révéler. Le fait d'être moi-même m'amène à faire tout le contraire. Je suis libérée.

Le prétendu « jugement » se transforme alors en un moment de partage concernant la théorie MIGS, mon métier, mes inquiétudes et mes interrogations sur l'avenir de la théorie. Lorenzo apporte également son témoignage. Il leur raconte comment il a vécu deux sessions avec moi et à quel point il est impressionné par la manière avec laquelle je présente le célibat religieux en le reliant à des bases sexologiques. Dès le début il a été décidé qu'on parlerait en français, puisque c'est la langue commune aux accompagnateurs, mais, sans nous en rendre compte, nous finissons par discuter en espagnol, la langue du cardinal, pour son plus grand bonheur.

Tout au long de l'entrevue, nous parlons de la désorientation sexuelle et affective dans la société actuelle, tant chez les religieux que chez les laïcs. Nous en analysons soigneusement les causes et la relation qui existe entre la souffrance affective non traitée adéquatement et les conduites sexuelles problématiques.

Pour finir, le supposé juge m'invite plusieurs fois à revenir le voir. Nous sommes samedi et je dois rentrer à Lima le mardi suivant. Il me propose de téléphoner le lundi, et de demander un rendez-vous pour ce jour-là. De mon côté, je lui manifeste ma gratitude pour son accueil et sa disponibilité.

Une fois sur le seuil de la porte, à l'extérieur, Lorenzo, heureux, s'exclame :

– Il s'est produit ce qui semblait impossible !

– Ça n'aurait pu être mieux ! s'exclame le vice-recteur.

Le recteur à l'allure contemplative ajoute :

– Dieu sait ce qu'il fait.

Pas le temps de nous arrêter pour savourer cet événement. Le marathon continue, je m'empresse de rejoindre la maison générale des jésuites afin d'y avoir mon deuxième grand rendez-vous de la journée.

Dans le salon, près de l'entrée, le supérieur général m'attend à 12 heures précises. J'ai l'immense privilège de converser personnellement avec ce grand homme qu'on appelle affectueusement « le pape noir ». Je n'ai rien préparé non plus et je suis à peine remise du précédent entretien, mais je sais que je dois le rencontrer.

Je considère ce moment comme un vrai cadeau. Le père Kolvenbach m'apparaît être un homme spécial, ouvert, attentif et d'une grande simplicité. Il manifeste beaucoup d'intérêt quand je lui présente ma théorie développée au Pérou. Nous parlons des problèmes liés à mon champ d'exercice professionnel, comme je voulais en traiter avec lui. Le père Kolvenbach est le supérieur de la congrégation religieuse masculine la plus nombreuse du monde et chaque minute de son agenda est bien comptée. Toutefois, son regard est celui d'une personne qui voit son interlocuteur comme le seul être à qui il se doit d'accorder toute l'attention possible. Lorsque les dix minutes prévues pour l'entrevue sont écoulées, il continue la conversation et m'interroge davantage sur mes techniques d'évaluation et de traitement. Une fois de plus, cet entretien est une grande réussite. L'échange, ouvert et enrichissant, dure finalement cinquante minutes.

Après cette rencontre, je partage mon repas avec quatre évêques d'Amérique du Sud et Lorenzo. J'ai l'occasion d'exprimer mes inquiétudes concernant la poursuite du travail entrepris au Pérou – je demeure dans l'expectative... C'est alors que j'apprends que ma visite à Rome avait pour origine l'accusation de deux évêques du Pérou que je ne connaissais pas.

De retour à la pension, je note, avec l'aide de Lorenzo, les moments clés de la journée et je m'accorde un instant de réflexion dans le jardin. La sœur réceptionniste vient me rejoindre, me demandant si je suis religieuse. De plus, elle me dit naïvement : « Nous avons reçu des appels téléphoniques pour sœur Marie-Paul et je me rends compte que c'est vous. » Je lui réponds : « Ma sœur, en arrivant lundi, j'étais religieuse et je le suis encore. » Réellement, je ne comprends pas leur obstination à ne pas me reconnaître en tant que religieuse. Tout se termine cependant par un rire qui nous permet enfin de laisser de côté cet incident.

Ensuite, j'appelle mes supérieures au Québec pour leur rendre compte de ma journée. Elles sont surprises mais semblent soulagées. Je peux enfin me détendre après tous ces moments d'inquiétude et de tension. Quelle journée spéciale... j'ai l'impression d'avoir vécu un mois en un seul jour. J'ai pu constater aussi qu'être accusée au Vatican est une situation extrêmement sérieuse et éprouvante pour mes supérieures. Mais pour moi, les événements de la journée ont transformé mes inquiétudes en espérance.

Le lendemain, dimanche, Lorenzo retourne à Majorque. Je le remercie du fond du cœur pour l'aide précieuse qu'il m'a apportée. J'attends impatiemment mon prochain rendez-vous avec le cardinal fixé au lundi.

*

* *

Lundi 26 septembre. En attendant l'heure du rendez-vous, je choisis de parcourir les rues qui entourent le Vatican. Lors de cette marche, j'ai l'occasion de saluer quelques évêques péruviens qui m'invitent à un goûter. Je suis vraiment reconnue comme faisant partie du paysage du Pérou, et je le sens. Voilà pourquoi il m'arrive si souvent de dire spontanément « Marie-Paul du Pérou ». Plus tard, je me suis souvenue de multiples occasions où je m'étais identifiée de cette manière.

À l'heure prévue, je me présente de nouveau à la porte 3, place Pie XII, où je suis reçue par le cardinal. Que de chemin parcouru depuis la semaine dernière ! Cette fois, je lui parle en toute confiance de mes inquiétudes, de mes préoccupations ainsi que de la problématique rencontrée dans mon travail, particulièrement avec les religieux, religieuses et séminaristes. Je me souviendrai toujours de l'attention avec laquelle il m'a écoutée, du soutien qu'il m'a apporté et des conseils qu'il m'a prodigués.

Je me rappelle alors une pensée de Pierre Gravel : « Le soleil qui se cache à l'horizon… n'est-ce pas le même soleil qui s'est levé le matin à l'autre bout du firmament ? » À ce moment-là, je me sens confirmée dans ma mission et de nouveaux chemins s'ouvrent devant moi. Je me sens pleine d'espoir pour apporter au monde une graine de semence qui permettra à la terre de donner ses fruits.

Mardi 27 septembre. Je dois déjà quitter Rome et ses délices. Les deux semaines que je viens de passer ici sont parmi les plus intenses et les plus enrichissantes de ma carrière.

Je reprends le métro. J'y vois une femme qui porte à la fois son fils et une valise. Elle semble triste et très fatiguée. L'enfant pleure… Je remarque aussi un homme bien habillé, il tient dans sa main un porte-documents et regarde souvent sa montre. Il a l'air impatient. J'observe un jeune qui a le regard fixe et l'expression sérieuse. Je savoure la joie de quelques enfants au moment où ils retrouvent leurs amis. Soudain, me vient à l'esprit la peinture des blés – qui représente le rêve de Délia Thetreault, la fondatrice des MIC – qui se transformaient en têtes d'enfants de toutes les couleurs... Je sais maintenant que ma place est sur le terrain, pour venir en aide aux défavorisés.

De Rome, j'effectue un court passage à Lima où je retrouve tous ceux qui sont restés fidèles au projet du CEDEPSE. Des étudiants et quelques consœurs qui m'ont toujours soutenue me prêtent main-forte pour la phase finale de destruction des dossiers personnels conservés jusque-là dans des classeurs dans les anciens locaux du centre. Il est temps pour moi de repartir au Québec...

Je rentre chez moi le cœur serré mais, en même temps, une nouvelle flamme s'allume en moi. Je poursuivrai ma mission à distance tout en explorant la possibilité d'acquérir encore plus de compétence.

– 2 –

Rencontres avec Jean-Paul II

Dès le début du printemps 1995, j'initie des démarches afin de recevoir l'appui professionnel nécessaire pour systématiser et critiquer le modèle d'intervention développé au CEDEPSE. Après plusieurs échecs, c'est à l'université Laval, à Québec, qu'une porte s'entrouvre. J'ai consulté auprès de quelques facultés, mais la présentation du projet suscite différentes réactions de la part du milieu universitaire : « Ce mariage entre le spirituel et l'érotisme ne nous intéresse pas… Ce sera difficile de présenter cela au Québec, on vient de se libérer de la religion qui a longtemps dominé les questions sexuelles et les a rendues taboues… On peut toujours finir par inclure le spirituel, mais ce sera secondaire… C'est trop vaste… », etc. Une fois de plus, je constate que le thème de la sexualité est encore encombré de préjugés. À la faculté des études supérieures de l'université Laval, en revanche, j'ai la surprise d'être accueillie et écoutée : « Oui, ici, à l'université, il devrait y avoir de la place pour une étudiante comme vous. » Et quand je frappe à la porte de la fac de théologie, mon espoir se ravive. Tout en poursuivant mes engagements à l'international, j'amorce donc une ébauche de projet d'études doctorales sur mesure.

Le jour de mon second départ pour Rome approche. Je n'ai rien préparé, j'ai seulement mon billet d'avion en poche. Je dois m'y rendre pour donner une formation aux Servantes du Sacré-Cœur, une communauté religieuse d'origine espagnole bien connue en Europe et en Amérique du Sud. À la demande de leur supérieure générale, le thème de cette rencontre est « vivre le célibat consacré pour un renouvellement de la vie religieuse » et celui-ci me correspond bien.

En partant, j'apprends que je suis à nouveau convoquée au Vatican. Cette fois, à cause de commentaires sur moi qui circulent en Amérique du Sud, véhiculés depuis quelque temps par des religieux et évêques adversaires. Ça tourne à l'acharnement et au ridicule.

Je pars de Québec le 12 octobre vers la ville où repose la pierre d'assise de l'Église. En débarquant à l'aéroport de Rome, je me sens chez moi.

De ma chambre, j'aperçois par la fenêtre le dôme de la basilique Saint-Pierre. De nouveau, après une année, je me retrouve sur cette terre où j'ai reçu un souffle d'espoir. Je ne sais pas ce qui m'attend cette fois. Rome est pour moi la ville de l'imprévu. Je confie à Dieu le soin de me guider tout au long de ce séjour. En outre, ce mois d'octobre est dédié à Marie, celle que je considère comme mon guide et ma protectrice.

Rome est une ville de contrastes, avec le bruit typique de ses sirènes, ses lumières, l'air qu'on y respire, la caresse de sa brise. Petite, quand j'entendais parler de Rome, elle me semblait impossible à atteindre. J'étais fille d'agriculteurs ; dans mon coin de terre, les espaces étaient immenses, mais les rêves de voyages limités. Le pape était un personnage que l'on pouvait seulement voir en photo. Quand sa voix passait sur les ondes, c'était la nouvelle de la semaine… le pape avait parlé ! En cette soirée du 13 octobre, je suis heureuse d'être à Rome, tout près de la résidence du Saint-Père.

J'ai l'occasion de rencontrer deux supérieurs majeurs (Angela et Benito) qui, l'année précédente, ont été éprouvés par le décès de membres de leur communauté. En effet, deux religieuses augustines et deux frères maristes avaient été assassinés en Algérie.

Je comprends vite que ces deux dirigeants d'instituts religieux sont de la même famille car le sang de leurs frères et sœurs a coulé sur la même terre. Jamais je ne me suis sentie si proche des martyrs. Quand Benito me parle de ses frères assassinés, il devient tout triste, silencieux, mais immédiatement après, il dit : « Tu sais, le secret pour être un bon supérieur général, c'est de savoir cueillir la vie que chaque membre apporte et même celle de ceux qui meurent. »

Pour sa part, Angela me confirme qu'elle a trouvé très pénible l'épisode de la perte de ses consœurs. Elle s'est beaucoup questionnée, se demandant jusqu'à quelle limite les missionnaires doivent être maintenus dans leur affectation lorsque leur mission est reconnue comme étant dans une zone à risques. C'est d'ailleurs une inquiétude très fréquente chez les autorités religieuses.

Dimanche 15 octobre. Le pape se trouvant à Rome, je décide d'aller assister à l'angélus. Sur la place Saint-Pierre, une foule arrive de partout – des jeunes et des personnes de tous âges, des groupes avec de grandes banderoles ainsi que des troupes de musiciens. On retrouve cette ambiance de fête chaque dimanche quand le Saint-Père est à Rome. Lorsqu'il apparaît à sa fenêtre, la foule manifeste ostensiblement sa joie. D'une voix ferme et forte, le successeur de saint Pierre récite l'angélus. Il délivre un message sur l'espérance et l'amour. J'ai même l'impression qu'il s'adresse directement à moi.

Tout à côté de moi, il y a une fillette d'environ trois ans, assise sur les épaules de son père. Avec son sourire et ses mains, elle dit en espagnol : « *El Papa* ». À ma droite se trouve un jeune couple qui se tient par la main. Quand le pape s'exprime dans leur langue, en anglais, ils restent tous les deux les yeux fixés sur l'homme vêtu de blanc. Au moment où il adresse son message en italien, ils se retirent en lui adressant de la main leur salut et leur affection. Un peu plus en avant, il y a un couple âgé ; les deux, main dans la main eux aussi, demeurent immobiles et attentifs tout au long des messages qui sont transmis par le souverain pontife en six langues différentes. Leur visage rayonne de joie et de paix.

Ce moment vécu à la place Saint-Pierre, où se réunissent des représentants venant des quatre coins du monde, se révèle pour moi comme une rencontre universelle.

Je passe une semaine à animer la session que je suis venue donner aux Servantes du Sacré-Cœur.

C'est avec joie et admiration que je perçois chez la plupart des participantes un intérêt exceptionnel et le désir d'aller plus loin en se formant bien au célibat religieux. Je constate, une fois de plus, que toute personne est faite pour aimer dans la vérité et vivre dans la fidélité.

J'ai la chance de passer la fin de la semaine à Assise avec Angela et son assistante, Juliana. Chaque lieu visité (le sanctuaire de Santa Maria de Rivotarto, la basilique Santa Maria Degli Angeli et celle de San Francesco) est source d'inspiration. J'écris :

« L'être humain est comme l'herbe des champs, il a besoin de soleil et d'eau, un peu de vent le fertilise. Quand vient la sécheresse, il s'affaiblit et tombe facilement. Comme l'herbe des champs, l'être humain réclame le soleil et l'eau. Il s'agit de pénétrer au fond de soi et d'assurer la vie qui est là et qui possède les éléments nécessaires. Les tissus humains sont terre sainte, du blé mûr vient le pain quotidien. De l'être humain peut venir l'amour, la paix, la joie… »

L'ermitage où saint François se recueillait est un vrai paradis qui invite à l'écoute en soi. Je le surnomme « le sanctuaire de l'intériorité ». Les sentiers, les chênes verts, le soleil, le silence, les chants des oiseaux, le bruit de l'eau et l'expérience spirituelle de François font de ce lieu un endroit où il fait bon se trouver. Tout naturellement, chacune de nous opte pour le silence, le retrait et l'écoute de la Vie, de l'Amour, de la Paix, de la Joie. Il s'agit d'en faire l'expérience pour capter la beauté de cette terre.

Mardi 24 octobre. Après le petit déjeuner, je me rends à la congrégation des religieux du Vatican à la suite d'une nouvelle convocation.

Dès le début de l'entrevue, l'interlocuteur m'invite à lui parler de mon projet d'étude et de mes différentes expériences vécues en Amérique latine. Il me présente des situations jugées très problématiques. Le tout me semble simple et évident en comparaison de ce que j'ai dû surmonter tout au long de ma mission.

En sortant de la congrégation, je me dirige vers les portes de bronze où Angela, originaire du Brésil, m'a donné rendez-vous. Elle veut aller saluer les évêques de son pays natal, en visite *ad limina*, qui se réunissent devant ces portes marquées par l'Histoire. Angela échange en portugais avec quelques évêques.

Quand j'arrive près d'elle, elle me présente comme une amie et ajoute que je fais du bon travail dans un domaine rare et précieux. Elle réussit à piquer la curiosité de ces hommes qui me voient pour la première fois et pour qui mon nom est totalement inconnu. Un jeune prêtre dit avoir déjà entendu parler de moi par un confrère péruvien.

Sur ces entrefaites, trois évêques s'approchent de nous, l'un d'eux marchant au pas de course, seul en avant, tout en maintenant la conversation avec ses deux confrères qui le suivent. Étrange situation. Le prêtre avec qui je parle m'explique que celui qui se trouve devant est un « fou ». Je suis surprise de la présentation, mais je pense aussi qu'il peut s'agir d'un saint… car on confond souvent les deux. Quand le prétendu « fou » arrive près de nous, Angela le salue dans sa langue natale. Avec joie, il lui serre la main et demande ce qu'elle fait à Rome. Il me semble vraiment très particulier, cet homme, vêtu d'un grand manteau noir porté sur sa soutane de la même couleur, un béret noir sur la tête et un sac en plastique dans les mains. Angela me présente en disant que je suis une personne spéciale. Rome étant le berceau de maisons généralices[1], il me dit :

– Tu es supérieure générale ?

1. Siège du gouvernement central et des services généraux des communautés religieuses.

Devant ma négation, il semble surpris. Spontanément, j'ajoute :

– Monseigneur, je suis la fille préférée de Dieu le Père.

Il rit de bon cœur en s'exclamant :

– C'est le meilleur titre pour venir à Rome.

Sympathique et agréable, il semble quand même un peu agité. Il demande l'heure, car il est en retard pour son entrevue avec le Saint-Père. Il parle portugais, ajoute quelques paroles en espagnol, et s'adresse à moi en français. Il est en réalité italien, jésuite, le premier évêque et fondateur du *Di Ponta de Pedras* à l'île de Marajo, au nord du Brésil. Un prêtre, souhaitant rencontrer le pape, lui demande alors s'il est seul pour aller voir le souverain pontife. Je comprends à cette occasion que l'évêque a la possibilité de se faire accompagner par son secrétaire – qui est censé être un homme. Ce dernier peut donc avoir le privilège de saluer le pape et d'avoir une photo de groupe. Le tout doit durer une minute après que l'évêque aura terminé ses neuf minutes d'entrevue privée. L'homme tout vêtu de noir répond : « Moi, je vais toujours voir Sa Sainteté seul » et il ouvre grand les bras en signe de liberté. Puis, il me regarde et me demande si le pape me connaît. Avec son allure pressée, il me tire par le bras et me dit :

– Viens avec moi que je présente à Sa Sainteté la fille préférée de Dieu le Père.

Je lui indique que je suis accompagnée d'Angela, la générale des augustines. Il l'invite aussi à se joindre à nous.

Ce pasteur entre par la porte de bronze comme si c'était sa demeure. Les deux supposées secrétaires que nous sommes le suivent au pas de course. Tout au long du trajet où il faut traverser plusieurs salons, je me demande qui peut bien être cet homme. À un moment, il s'arrête et me lance tout de go :

– Je ne te connais pas, mais je veux que tu saches que l'essentiel dans tout ce que tu fais, c'est le Père, le Fils et l'Esprit-Saint. Si eux ne sont pas là, le reste ne vaut rien.

Je viens de capter qu'il me parle de la Sainte-Trinité. Il me dit cela comme s'il me révélait son secret le plus intime. Oui, cet homme est un peu fou. En tout cas, c'est un illuminé. Une fois son message transmis, il poursuit son chemin de son pas agile. À quelques reprises, les gardes suisses tentent de le retenir pour vérifier son identité. Mais chaque fois, sans prendre la peine de ralentir, il répond brièvement par un salut militaire et un *Visite ad limina*, qui semble être le mot de passe.

Avec cette tactique, n'importe qui peut arriver jusqu'au pape ! Il faut le voir pour le croire, tant son assurance lui permet de passer toutes les portes et tous les barrages.

Nous prenons l'ascenseur pour arriver dans un salon avant d'entrer dans la salle d'audience privée du Saint-Père. Le « fou de Dieu » est le suivant sur la liste. Il enlève alors son manteau et son béret, se peigne avec ses doigts, sort de son sac en plastique sa calotte et son ceinturon rouge violet et confie un porte-documents en carton à Angela. Nous avons devant nous le « fou » vêtu du costume officiel de l'évêque. Je n'en crois pas mes yeux et profite de chaque moment que je vis…

*

* *

Dans l'une des salles attenantes au salon du souverain pontife, notre évêque prend siège et fait asseoir ses deux « secrétaires », une de chaque côté de lui. Il se recueille et commence à prier à voix haute : « Père, Fils, Esprit-Saint, ces lieux sont beaux, à l'image de la sainteté du Pasteur. Soyez loués pour ces moments de grâce pour que le règne de Dieu Trinitaire arrive… » Il poursuit sa prière comme s'il était seul. Je regarde cet homme, il transpire la liberté et la joie de vivre. Quand il a terminé, il nous prend les mains et les lève au ciel en s'exclamant : « Dieu nous aime, il faut être de bons disciples de son Amour. » Est-ce un fou ou un saint ? Bonne question…

Mais tout à coup, il réalise qu'il ne sait rien sur moi.

– Je ne connais même pas ton nom, qu'est-ce que je vais dire à Sa Sainteté ? Qui es-tu ? D'où viens-tu ? Que fais-tu ?

Je n'ai pas le temps de répondre que déjà on le convoque auprès du Saint-Père. Il me tire avec lui et invite Angela à nous suivre.

Cet homme s'appelle Angelo Maria Rivato, mais je préfère l'appeler le « fou de Dieu ». Il faut savoir regarder au fond de lui-même pour découvrir qui il est. Je le classe parmi ces êtres qui parviennent à cette grande liberté qui leur permet de vivre le moment présent avec plénitude.

Et moi… je me retrouve en face de Jean-Paul II !

En serrant sa main, je lui dis spontanément en espagnol :

– Quelle joie, Saint-Père, de pouvoir vous saluer…

Il me regarde droit dans les yeux. J'ajoute :

– Je suis de la Terre sainte du Québec.

Le pape me dit de sa voix mature, en me donnant un chapelet :

– Québec, Québec, du bon monde, du bon monde.

Il le répète avec un sourire en me serrant fort la main.

« Le fou », qui ne me connaît pas, ajoute en me montrant du doigt :

– Oui, elle doit parler au Saint-Père.

À ce moment, le pape me tire vers lui et me prend par la manche :

– Dites… dites.

Je cesse de respirer. Ma vie s'arrête. Je suis en face de Jean-Paul II qui attend que je lui explique ma situation. Je suis une femme, du Québec, et en plus en compagnie d'un évêque brésilien… Ce n'est pas commun.

– Saint-Père, je suis religieuse, sexologue et je travaille avec les jeunes qui se forment à la vie religieuse. Je me sens très petite devant ma mission, je me sens très limitée et je dois affronter beaucoup de difficultés. J'observe beaucoup de résistance dans le monde religieux face au respect du célibat consacré.

Je poursuis en lui parlant de réalités incroyables, de problématiques sexuelles majeures.

– Je vous demande, Saint-Père, si c'est la volonté de Dieu, de me donner votre bénédiction…

Pendant tout ce temps, le pape me tient la main et me regarde dans les yeux comme si j'étais seule au monde en face de lui. Il reflète la paix ; je vois devant moi un vieillard qui laisse transparaître la lumière. Quand j'ai terminé ma demande, le pasteur suprême me fait, avec son pouce, une croix sur le front, me donne un second chapelet et met ses mains sur ma tête :

– Que Dieu vous bénisse et bénisse votre œuvre. Continuez… continuez. Les épreuves ne manqueront pas, surtout de la part de l'Église.

Le fou de Dieu et Angela prêtent l'oreille. L'évêque qui a pour mission de faire respecter l'agenda nous regroupe pour prendre une photo.

Quelle rencontre ! Je viens de vivre un instant unique. Tout don est gratuit, l'accueil permet de vivre et de jouir de cette réalité.

En sortant de ce lieu sacré, un évêque présent dans la salle d'attente nous dit :

– Vous êtes rayonnantes. Le pape rend les femmes heureuses.

*

* *

De nouveau, en compagnie de notre évêque, nous traversons les immenses salons et, cette fois, je prends le temps d'admirer le décor et de m'imprégner de l'atmosphère. En passant les dernières portes protégées par les gardes suisses, mon « fou de Dieu » me demande ce que je fais vraiment. Je l'intrigue et suscite sa curiosité. Angela lui répond que je suis sexologue clinicienne. « *Qué !* » « Sexologue clinicienne. » À ce moment, il ouvre grand les bras, salue les gardes en murmurant je ne sais quel autre mot de passe magique et s'exclame :

– Sexologue !

Il est incrédule autant que ravi. Il poursuit sa marche vers la place Saint-Pierre en marmonnant :

– Je rêvais qu'un jour, un sexologue puisse développer un modèle intégral qui permette à la personne de se retrouver en harmonie dans la Sainte-Trinité.

À l'allure d'un fou, il parle tout seul sur la place publique. Après avoir remis son ceinturon et sa calotte dans le sac de plastique puis revêtu son manteau et son béret noirs, il reprend à haute voix :

– La sexualité, c'est vital pour l'être humain, il y a tellement de problèmes chez tout le monde dans ce domaine. Dieu a créé la sexualité pour que l'homme vive dans la joie, l'amour, la paix et non dans tant de souffrances…

Cet homme poursuit son discours et j'ai l'impression qu'il étale sur la place Saint-Pierre tout le modèle théorique que j'essaie d'élaborer depuis des années. Il me prend le bras, me fixe et, dans un français impeccable, me répète :

– Si tu travailles avec le Père, le Fils et l'Esprit-Saint, tu feras des merveilles. Sans eux, tu ne pourras rien faire.

Il se tait un instant et me regarde longuement. Puis, d'un ton ferme :

– Si c'est ça que tu fais comme sexologue, continue, c'est urgent, continue, reviens à Rome et viens au Brésil.

Tout cela me semble incroyable. Qui est cet homme ? Il porte en lui un mystère qui invite à la contemplation et en même temps, il révèle une vitalité impressionnante. Angelo est évêque depuis trente ans. Son peuple l'a formé et a fait de lui cet homme dédié, libre et mystérieux.

De retour à la maison, on nous informe qu'un représentant du Vatican vient d'appeler pour me convier à la messe privée du souverain pontife dès le lendemain matin à 7 h 30. C'est une blague ? Non. L'insistance et le sérieux de la messagère nous prouvent le contraire.

*

* *

Mercredi 25 octobre. Dès 7 heures, je me présente aux portes de bronze avec Angela. Aller à la messe privée du Saint-Père me paraît encore invraisemblable. Mais mon nom figure bien sur la liste du garde suisse qui nous accueille. J'ai du mal à croire à tout ce qui m'arrive en ce moment. Rome, cité de tous les possibles.

Nous entrons dans la chapelle. Le Saint-Père, tout de blanc vêtu, est agenouillé à son prie-Dieu. À 7 h 30, Sa Sainteté s'approche de l'autel et commence la célébration eucharistique. Sa voix, son irradiation, sa façon de prier m'invitent à rendre grâces.

Au moment de l'action de grâces, le silence est total. Seule la respiration du pape de soixante-quinze ans invite à jouir du temps et de la vie. La bénédiction finale est l'occasion de faire parvenir à ma famille et à mes amis les faveurs spirituelles qui, elles, ne sont pas limitées par la distance.

Dans le salon adjacent à la chapelle, le groupe forme un demi-cercle pour recevoir le salut du pape resté seul dans l'oratoire. Lentement, il apparaît dans l'embrasure de la porte. Souriant, et avec son regard profond, il salue les trente participants. Nous sommes avec des prêtres anglais. Dans le salon, je me place la dernière avec un cadeau apporté du Québec.

Avant d'arriver à nous, le pape nous regarde et son visage laisse transparaître un léger sourire. Quand il s'approche d'Angela, elle lui déclare spontanément :

– Saint-Père, nous sommes des privilégiées…

Le pape lui coupe la parole et dit :

– Brésil, Québec, du bon monde, du bon monde. Aujourd'hui, vous n'êtes pas venues avec l'évêque du Brésil ?

Nous rions avec lui. Cette manifestation de proximité et de familiarité révèle tout sur ce personnage, sa simplicité, son empathie et sa profonde gentillesse.

En me donnant la main, il fait un pas en avant et me demande si je travaille à Québec avec des religieux.

– Oui, et j'y systématise une méthode intégrale que j'ai développée au Pérou afin de permettre au plus grand nombre de parvenir à une maturité affective adulte et au célibat consacré. Vos messages me motivent à continuer ce travail.

Et je lui demande ce que je dois faire. Il prend ma main dans les siennes.

– Je bénis votre œuvre, faites votre œuvre. Je la bénis, continuez, continuez.

Puis il m'interroge sur l'homosexualité. Je lui explique brièvement l'importance d'accueillir dans l'Église les personnes de toutes conditions.

Angela est demeurée tout près, elle souhaite être le témoin de ce que le pape va me confier. Elle me rappelle discrètement que j'ai toujours le cadeau dans ma main. Je l'offre au souverain pontife.

– Saint-Père, cela est un cadeau de ma terre pour vous.

Il me remercie et répète en nous regardant toutes les deux « Brésil, Québec, du bon monde ». D'un pas ferme et lent, il se dirige vers la sortie pour se retourner ensuite sur le groupe avec un beau sourire. Nous le saluons de la main.

*
* *

J'ai conscience d'avoir vécu un instant capital dans ma carrière et dans ma vie. Cette rencontre, aussi belle qu'inattendue avec Jean-Paul II, me donne la force, la confiance et la sécurité pour avancer. Je suis venue, convoquée par le Vatican à la suite de rumeurs colportées par des évêques mal intentionnés à mon égard et j'en repars rassurée et confortée par la plus haute instance qui soit ! Je suis invitée comme jamais à me garder en fidélité à mon être et à ma mission, si délicate soit-elle.

Jeudi 26 octobre. À la demande de ma supérieure générale, je profite de cette journée pour explorer différentes théories qui semblent se rapprocher de ce que j'essaie de développer. Je trouve cela important avant d'initier le projet d'étude.

Je me dirige vers la Grégorienne[1] où j'ai rendez-vous. Angela m'accompagne jusqu'au moment de l'arrivée du père Moda, jésuite fondateur de l'école de psychologie *Antropologia della vocazione cristiana*. Le vieillard se présente vêtu de noir. Je m'introduis en me disant curieuse de connaître son école. Je résume sommairement mes activités professionnelles de même que mes champs d'intérêt. À l'instant, il me conseille de continuer mon projet qui lui paraît très novateur et nécessaire. La rencontre dure sept minutes et j'en sors satisfaite.

Disposant de temps libre, je me dirige avec Angela vers la fontaine de Trevi puis vers l'église Saint-Ignace, célèbre pour sa grande fresque en trompe l'œil au plafond de la nef. Le peintre jésuite Pozzo a réussi, en utilisant à la fois l'espace réel (les plafonds de l'église) et virtuel (la peinture), à représenter admirablement des scènes de vie de saint Ignace et de différentes missions des jésuites. Il a aussi représenté de façon remarquable l'intérieur d'une coupole. Selon l'endroit d'où l'on regarde, la perspective peut être parfaite ou encore complètement déformée. Ça ressemble drôlement à la vie d'un être humain. Il faut apprendre à regarder l'Histoire avec ses beautés, même si, à première

1. Université romaine dirigée par les jésuites et dépendant du Saint-Siège.

vue, tout peut nous sembler un peu croche. À la fin de cette visite, dans la même église, je peux assister à un concert d'orgue où l'on interprète Bach. Cette musique m'envahit corps et âme.

Vendredi 27 octobre. Ce jour débute très tôt par une nouvelle visite à Giovanni Hajnal, dans sa résidence privée. Cette heure d'échange avec ce grand homme, ayant une sensibilité artistique et spirituelle hors du commun, me vaut l'effet d'une profonde contemplation. Vraiment, ce monde d'artistes me fascine, je me sens bien petite à côté d'eux.

La matinée se termine par une dernière rencontre à la congrégation des religieux du Vatican pour des études de situations liées à la sexualité. Durant ce temps, Angela reçoit une communication de la part du secrétaire privé du Saint-Père me permettant d'écrire une lettre personnelle destinée au souverain pontife.

Lors de cette dernière rencontre, je peux compléter des informations générales concernant les principaux événements marquant mon cheminement professionnel des dernières années, mon appel intérieur et mes luttes. Le tout permet la poursuite du projet vocationnel en harmonie avec le projet professionnel. C'est lors de cette rencontre que j'apprends que le cardinal trouve essentiel de compléter une investigation doctorale avec le modèle MIGS.

Je me rends au Collège canadien. J'y ai rendez-vous avec le recteur. Je refais avec lui une lecture de mes « siècles » vécus à Rome. C'est ainsi que je perçois mes douze derniers jours dans cette ville qui m'a ouvert le cœur à la dimension du monde.

À la fin de la journée, je peux donc prendre un moment pour formuler mon communiqué à l'adresse du Saint-Père, compléter des entrevues professionnelles et me donner un temps de prière.

Samedi 28 octobre. La veille de mon départ de Rome, je poursuis mon pèlerinage, accompagnée d'Angela et de Juliana qui sont devenues de vraies amies. De nouveau à la basilique Saint-Pierre, je m'agenouille devant le sépulcre du grand prophète Jean XXIII, me rappelant : *« Seul ce qui se construit dans l'amour se perpétue. »* Je peux retourner en paix vers mon pays natal.

Je m'arrête un moment devant le tombeau de Jean-Paul Ier qui, de son vivant, irradiait la joie, la paix et la liberté. Ce saint martyr tombé dans l'oubli après un très bref règne… que de questions sur les causes de son départ !

L'après-midi est l'occasion de fraterniser autour d'une bonne crème glacée. Le rire et la saveur agréable de la glace italienne nous valent une bonne détente. C'est là que je rencontre un évêque à qui je demande d'être le porteur de mon communiqué à l'adresse du Saint-Père.

La soirée est consacrée à la fête, à la maison généralice d'Angela. Des chants et danses typiques de l'Inde sont exécutés par trois jeunes religieuses natives de ce coin du monde qui attire par ses charmes et ses contrastes. On m'offre en cadeau un beau chemisier de soie qui me donne le goût de devenir une grande dame…

Le jour du départ est l'occasion de partager avec mes amies Angela et Juliana l'idée que, dans mon église, il y a malheureusement du désordre, de l'hypocrisie, de l'abus de pouvoir, des prédications étouffantes ; mais il y a aussi du grand, du beau, des personnes merveilleuses ainsi que des lieux de recueillement que l'Histoire se doit de révéler. Je peux dire que dans le monde « religieux », tout comme dans le monde civil, il y a de la sainteté et de la perversion.

Je dis aussi : « Ici, à Rome, comme femme religieuse, infirmière, sexologue, j'ai appris à mettre les voiles dans le bon sens pour que les grands vents me conduisent à bon port. »

Quatrième partie

Missionnaire sexologue au Québec

– 1 –

Retour sur ma terre natale

Je quitte Rome le dimanche 29 octobre 1995 aux aurores. Nous sommes à la veille d'un grand référendum sur la souveraineté du Québec dans lequel il sera demandé au peuple s'il souhaite son indépendance vis-à-vis du Canada. Ce scrutin peut être crucial pour notre avenir à tous et je tiens à accomplir mon devoir de citoyenne.

L'avion décolle vers un immense arc-en-ciel. C'est féerique. Je m'envole vers l'Amérique avec des rêves d'Italie et du Vatican plein la tête. Je suis heureuse et calme. Mais le retour au pays est saisissant. Après l'été indien romain, de la neige blanche en gros flocons tombe sur Québec. L'hiver est à nos portes.

Le 13 novembre, de retour d'une fête de famille, je reçois un message du Saint-Père en provenance du Vatican :

« Estimée dans le Seigneur,

Par la présente, j'ai le plaisir de vous transmettre les remerciements de Sa Sainteté pour l'aimable geste de lui offrir plusieurs écrits en votre qualité d'auteure.

Je suis également heureux de vous assurer que le Saint-Père vous recommande au Seigneur et qu'il vous encourage à continuer généreusement dans vos tâches de service à l'Église. Avec ces sentiments, et en gage d'abondantes faveurs divines, il vous donne la bénédiction apostolique implorée.

Il m'est agréable de profiter de l'occasion pour vous manifester l'assurance de ma considération et dans le Christ. »

Quel bonheur et quelle joie de recevoir ce message d'espoir et de soutien ! À nouveau, j'ouvre mes voiles et je me remets à espérer.

Dans ma réflexion actuelle, après toutes mes aventures, je comprends les personnes qui se révoltent, celles qui développent des maladies graves, celles qui s'enferment dans l'inexistence tout comme celles qui font la guerre. L'injustice, les fausses accusations, les abus de pouvoir sont malheureusement des réalités meurtrières…

Un incident qui m'a vraiment marquée s'est produit à la suite d'un vol de vases sacrés dans une église. Une femme qui a essayé de sauver les Saintes Espèces[1] a été violentée et violée par deux des quatre cambrioleurs. Par la suite, un évêque et un canoniste ont commenté l'événement. Leur principale préoccupation était la profanation des hosties. Selon la loi canonique, il fallait même aviser le Vatican de cette horrible situation car les hosties consacrées avaient été jetées sur la table de l'autel et sur le sol. J'étais très choquée, car je n'entendais aucun commentaire au sujet de la victime violée. Pourquoi ces hommes d'Église, qui prêchent une morale sur la valeur indiscutable de l'humain, ne sont-ils pas intervenus sur la profanation de cette femme ? Si pour nous, croyants, la violation des Saintes Espèces est une chose grave, c'est quand même beaucoup moins important que celle d'une femme ! Peu importent les convictions religieuses, le respect pour les symboles sacrés est de mise, mais qu'en est-il du respect pour la personne maltraitée, bafouée, profanée, si petite ou si âgée soit-elle ?

*
* *

Je suis définitivement de retour au Québec après des années d'intenses activités, de voyages et de rencontres. Mes missions en Amérique latine me

1. Hosties consacrées.

manquent. Pendant dix-huit ans, aider les plus défavorisés de la planète a été ma raison de vivre et ma grande motivation, comme j'avais toujours rêvé de le faire. Me voici revenue chez moi, à quarante-huit ans, au point de départ. Confortée par mes deux pèlerinages à Rome, je souhaite désormais collaborer pour un monde en meilleure santé, libre et sans contraintes. La vie conventuelle ne m'attire plus. J'ai grandement apprécié mes premières années de formation à la vie religieuse dans un couvent, mais je suis maintenant arrivée à une autre étape de mon existence, celle où je veux partager mes connaissances. Après ces années de missionnariat dans les pays en voie de développement, l'existence dans un grand couvent m'apparaît comme un autre monde, éloigné de mes aspirations, alors que, pour moi, la vie de missionnaire constitue une ouverture sur le monde.

Nous sommes à la fin de l'année 1995. Heureusement, je réside dans un petit couvent situé à proximité des plaines d'Abraham, ce grand parc où j'aime tant marcher, faire du ski de fond et de la raquette. Je reconnais une fois de plus que la nature, les grands espaces et l'horizon constituent les éléments essentiels qui me permettent de retrouver de l'énergie vitale.

– 2 –

Docteure en sexologie

Au couvent, la situation n'est pas claire, autant pour mes consœurs que pour moi, je me sens isolée et très seule. Discrètement, sans en parler autour de moi, je fais des démarches pour trouver une formation doctorale afin de finir de développer et perfectionner ma méthode MIGS. Je cherche donc du côté des universités francophones ou hispanophones susceptibles d'offrir un tel programme. Je reprends contact avec la faculté des études supérieures de l'université Laval de Québec qui, il y a quelques mois, m'a accueillie favorablement. Et c'est là que la porte va s'ouvrir définitivement.

La possibilité de faire un doctorat sur mesure existe mais, jusque-là, aucun étudiant ne l'a mené à son terme car les exigences sont énormes. Tout en relevant de la faculté des études supérieures, il faut que je sois acceptée par une autre faculté pour avoir le statut d'étudiante. En outre, le directeur de thèse devra être rattaché à cette dernière faculté et le comité de thèse se composer de cinq membres venant de domaines connexes à la sexologie, mon sujet d'étude.

Beau projet, mais vaste chantier. De très longues démarches s'ensuivent et m'occupent pendant une année complète. Pour mener ma nouvelle formation à bien, je frappe à la porte de diverses facs de sciences humaines mais le refus est catégorique : mon domaine de recherche est beaucoup trop spécialisé en sexologie. C'est à n'y rien comprendre. Je suis désarçonnée par ces nouveaux refus. Comment vais-je donc réussir à compléter ma formation ? Comment ces différentes écoles qui se permettent d'intervenir librement dans le vaste domaine de la sexualité peuvent-elles refuser une étudiante désireuse de poursuivre un perfectionnement dans ce qui semble être souvent à la source de tant de problèmes humains, tels que l'épanouissement personnel ? La psychologie, les sciences de l'éducation, les sciences sociales, la criminologie, l'anthropologie, la philosophie, la théologie, la médecine ne sont-elles pas autant de sciences qui interviennent dans le champ de la sexualité ?

Tout en poursuivant mes démarches, je continue à exercer ma profession de sexologue. Je donne des cours, des sessions de formation et des conférences en Amérique latine et en Europe. Mes rencontres me permettent, une fois de plus, de lever le voile sur des réalités cachées et tellement affligeantes pour l'humain. Et je me rends compte de la force de vie de chaque personne et de son aspiration fondamentale à vivre et à aimer dans la dignité.

C'est finalement à la faculté de théologie que je rencontre un doyen qui m'ouvre la porte et me permet d'aller de l'avant. Je peux enfin être acceptée comme étudiante au doctorat. Après tout, c'est un clin d'œil de l'Histoire. Ces spécialistes ont eu durant des siècles le monopole pour dicter les différentes manières de vivre ou de ne pas vivre sa sexualité.

Autre problème de taille pour moi, « jeune » étudiante : le financement de mes études. Étant membre d'une communauté religieuse exclusivement missionnaire qui dédie ses ressources aux plus démunis, je dois en assumer le coût. Il serait déraisonnable d'enlever le pain de la bouche de confrères et de consœurs vivant dans la pauvreté, cela uniquement pour payer mes études. J'ai déjà bénéficié d'une formation en sciences religieuses et en sciences infirmières et j'ai été appuyée financièrement au cours de mes années d'études en sexologie ; il m'incombe de payer ma formation. Je me mets à l'ouvrage et combine le travail et les études à l'université.

Je comprends que l'opinion populaire concernant les biens détenus par les communautés religieuses soit sévère. Il faut dire que la méconnaissance n'aide pas. Même si je trouve inacceptable les différences entre les riches et les pauvres ainsi que la lutte constante pour gagner le pain quotidien, je suis fière de collaborer à une certaine justice sur terre. Je réduis mes dépenses au minimum tout en travaillant intensément. D'ailleurs, cela ne me change pas vraiment, j'ai toujours agi ainsi. C'est de cette façon que je m'accomplis et que j'ai toujours aidé au mieux les plus défavorisés. Je suis fière d'appartenir à un institut missionnaire qui a toujours adopté le fonctionnement d'une œuvre de charité.

Un prêt d'études et mes interventions professionnelles me permettent de poursuivre le programme. Je suis écolo avant l'heure, je voyage à vélo, hiver comme été. C'est bon pour le cœur, le portefeuille et la joie de vivre !

Dans cette quête acharnée de subsides pour étudier, je suis confrontée à toutes sortes de comportements dont certains sont choquants et révélateurs, hélas, d'un certain état d'esprit. Ainsi, je dois partir donner une formation spécifique pour un programme d'éducation sexuelle en Europe de l'Est. Quand j'arrive sur place, le responsable, représentant d'une communauté religieuse masculine, me donne la liste des différents centres éducatifs, sans me fournir la moindre aide. Je m'organise seule pour le transport, les contacts et le matériel didactique. Mais peu importe, je me mets au travail et la formation est un véritable succès. Devant le regard étonné de ces jeunes et de leurs tuteurs, j'ai l'impression que c'est la première fois qu'ils entendent parler de sexualité et de bien-être affectif. Je ne suis pas dans le tiers-monde mais bien dans un pays industrialisé ! La preuve, s'il en fallait une, du grand besoin de sexologie partout dans le monde. Ils me remercient chaleureusement et me disent qu'ils espèrent me revoir. Mais l'organisateur refuse de me payer. Il consent finalement à me rembourser le billet d'avion, pas plus. J'ai beau lui expliquer ma situation et réclamer mon dû tel qu'il avait été convenu, il s'obstine. C'est un voleur, comme on en trouve même dans le monde religieux. Une autre leçon de vie.

Au bout du compte, j'entreprends mon doctorat en septembre 1996. Je travaille trois mois à l'extérieur, principalement en Europe, et reviens trois mois à Québec pour mes études. Je réussis à faire en sorte que mes lieux de travail constituent en même temps des ressources cliniques pour avancer dans mon investigation doctorale. Pleine d'énergie et d'allant, je me sens engagée dans la construction d'un immense édifice, sans pour autant en avoir vraiment les moyens. Mais peu importe. Je m'assure une bonne hygiène de vie (sommeil, activités physiques, études, travail et des instants quotidiens d'intériorité).

Comme j'ai des horaires particuliers, il m'est demandé de vivre à l'extérieur du couvent. Alors je me retrouve souvent seule. En même temps, l'université exige de moi une énorme quantité de travail. Mon bonheur ? M'évader sur ma bicyclette. Le vélo est mon thérapeute. Je m'abandonne en pédalant des kilomètres. Je choisis simplement d'exister. Lors d'une randonnée, le vent est si fort et si froid que mon vélo à trois vitesses ne peut plus avancer ! Bloquée, je l'enfonce dans un banc de neige et poursuis ma route à pied. Quelle extase ! Devoir affronter ce qui aurait dû normalement m'arrêter me permet de développer mes ressources intérieures et d'atteindre la réussite et la satisfaction. Je crois fermement que la marche, le vélo, la course, la raquette et le ski de fond, enfin toute activité impliquant des mouvements de bilatéralité alternée accompagnée d'une attitude de gagnant, constituent le meilleur des traitements.

*
* *

Au cours de ces années, en plus d'offrir mon expertise en Europe et en Amérique du Sud, je découvre un nouveau continent, l'Asie, et un nouveau pays, la Corée du Sud.

Là-bas, je vais vivre une fois de plus une expérience unique. Les paysages, les maisons, les femmes et les hommes attirent toute mon attention. Ce bain dans l'Orient ouvre mon cœur à une nouvelle réalité. Je ne comprends pas la langue des personnes dont je m'occupe et je dois apprendre à lire le vécu émotionnel de chacun en le captant de l'intérieur. J'apprends à découvrir leur mouvement discret, leur regard fixe, la délicatesse de leurs gestes inspirés d'un état d'âme peu extériorisé. J'adopte un mode d'accueil et d'écoute attentive approprié à la culture orientale. Tout comme en Occident, chaque région a ses caractéristiques propres mais l'originalité de ce peuple asiatique est teintée d'une façon d'être qui invite à l'intériorité. Malgré une population dense, la nature est mise en évidence.

Ce séjour en Corée me fait oublier mes tracas d'étudiante et m'ouvre de nouveaux horizons. Je découvre avec bonheur cette culture orientale.

J'avance dans la vie comme une exploratrice qui ignore qu'elle est en marche. Mes voyages en Amérique latine et en Europe se réalisent comme si je me rendais au village voisin.

*
* *

De retour au Québec, je travaille sans relâche, jour et nuit, pour compléter mon programme d'études et terminer ma thèse dans le délai prescrit de cinq ans. Je finalise tous les documents dans lesquels sont regroupés mes outils d'analyse, mes résultats de recherches et les données importantes qui appuient mes conclusions.

Un mois avant ma soutenance, après ces années de marathon, mon corps parle et crie sa souffrance. Je suis de nouveau dans un état d'incapacité totale, sur les plans physique et intellectuel. Lors de ma consultation, le médecin considère que je suis déjà chanceuse d'avoir pu vivre jusqu'à cinquante ans. Pour lui, il n'y a hélas rien à faire. Abasourdie, je me retrouve dans la rue, complètement désorientée. Nous sommes au mois de mars et je suis convoquée en avril pour ma soutenance de thèse…

S'il n'existe aucun traitement médicamenteux classique, je suis résolue à trouver une cure alternative. Sur les conseils avisés d'une amie, j'entre en relation avec un centre de soins très particulier. Cela s'appelle un centre de repos-jeûne. Le nom me plaît, et je sens que cela va me convenir. Je réussis à y obtenir une place et y reste pendant un mois. Un mois de repos, de détente et de méditation. Je peux enfin mettre ma machine sur pause. Quel soulagement ! Je mange trois repas de fruits par jour, je bois de l'eau de source et je contemple l'horizon tout au long de la journée jusqu'au coucher du soleil. Les chevreuils se baladent devant la fenêtre de ma chambre. Une espèce de bonheur...

Ce régime me permet de guérir naturellement et de recouvrer la santé. Je suis émerveillée par la sagesse du corps et l'intelligence des cellules pourvues de cette incroyable capacité à réaliser leur propre autolyse et à se régénérer.

Grâce à cette cure, je me présente devant le jury l'esprit libre et léger. Sans aucun recours direct aux documents, je parviens à répondre à chaque critique et question des examinateurs. Je me sens inspirée, dotée d'une clarté intellectuelle inattendue. Je suis envahie par un calme, un goût de vivre inédits. Un fait cocasse survient lorsque l'un des membres du jury émet une objection concernant l'un de mes énoncés. Je relève alors une citation de son propre ouvrage qui va dans le sens de mon affirmation. Le rire est général. Ma soutenance se conclut par une reconnaissance inespérée de la part du jury ! Je peux continuer, les bases de mes futures interventions sont approuvées. Le modèle MIGS est ainsi reconnu et validé. Je deviens docteure en sexologie.

– 3 –

Fondation de l'Institut international de développement intégral

Une fois mon doctorat en poche, je peux enfin offrir des services professionnels sans que des questions soient soulevées sur mes compétences et l'origine de mes acquis. Cela me libère d'un grand poids et va, je le pense encore à ce moment-là, m'ouvrir de nombreuses portes.

Jusque-là, mes principales activités se sont déroulées en dehors du Québec, en Europe et en Amérique latine. De 1993 à 2003, avant la fondation de l'Institut international de développement intégral, l'IIDI, j'ai eu le privilège d'offrir de la formation à des milliers de personnes, et cela dans plus d'une vingtaine de pays différents. Mais ma première formation offerte au Québec en avril 2002 est pour moi un grand événement. Je la vis avec l'angoisse du débutant. Appliquer ma thérapie chez moi, au Québec, me remet en contact avec ma timidité et ma fragilité originelles. Il s'agit d'un groupe de vingt religieux avec qui je partage la langue, la culture et les origines. Je dois retourner à ma sécurité intérieure pour y parvenir. Je crains le jugement et l'échec. Mais l'accueil est excellent, il me donne du courage pour la suite.

À compter de ce moment-là, il devient naturel pour moi d'offrir les outils que j'ai développés en étant inspirée par les personnes rencontrées. Je ne peux plus garder secret ce qui appartient à l'humanité en recherche de sens et d'amour authentique. Le peuple m'a formée et, en plus, il m'indique le chemin de ma mission.

Je ressens au fond de moi l'appel à fonder une école permettant à la personne d'apprendre à traiter elle-même ses malaises de façon adéquate.

Dans la vie religieuse, tout comme dans le monde civil, un changement d'autorité s'accompagne, en règle générale, de mises à jour et de renouvellements, autant pour le mieux que pour le pire. C'est dans ce contexte que je reçois le feu vert pour réaliser une étude de besoins et établir la base de mes interventions au Québec.

Le 21 octobre 2002 a lieu la première réunion des quatre fondateurs de l'IIDI. Le travail est intense et les épreuves nombreuses.

*
* *

Le 1er mai 2003, l'IIDI est officiellement créé. À ce moment-là, cinq intervenants formés à la méthode du MIGS en Europe et en Amérique latine m'accompagnent à Québec.

Je pense alors innocemment que les embûches sont derrière moi et qu'elles sont de l'histoire ancienne. Mais je me fais des illusions... Les années qui suivent sont porteuses de nombreuses difficultés imprévues. J'ai connu des guerres, des guérillas terroristes et la mort dès ma naissance. Toutes ces épreuves m'ont rendue plus forte. Ainsi, malgré les attaques et les raz de marée, le projet avance.

Des concitoyens sensibles à la construction d'un monde épanoui s'engagent avec moi dans ce projet IIDI. Malheureusement, il existe aussi des pervers, parfois au sein même des autorités religieuses. Pour moi, dénoncer ces réalités est presque chose impossible, d'autant que les promoteurs de ces irrégularités sont aussi de grands personnages, voire des idoles.

Je rencontre alors des victimes d'abus sexuels et de viols. Des jeunes et des moins jeunes qui viennent témoigner devant nous. Des cultes très particuliers, des cérémonials de nature criminelle comportant des rituels sacrificiels sont organisés chez des populations très « christianisées » et cela sans distinction de classe sociale. Que cela se déroule aussi au Québec me bouleverse profondément. Il faut croire les victimes, les aider à renaître à leur vérité intérieure et surtout, pour éviter la continuation de cette perversion sexuelle, prendre position auprès des autorités concernées. Malgré la précaution d'évaluer ces atrocités en m'entourant d'équipes professionnelles (psychiatres, médecins, sociologues, canonistes...), la réaction est partout la même : « il est trop complexe et trop dangereux d'intervenir officiellement ». Ma mission consiste à aider les martyrs contemporains. Nous sommes devant des empires inattaquables.

Évidemment, comme je devais m'y attendre, un front religieux général se dresse contre moi et contre l'IIDI. Tout est mis en œuvre par certaines autorités religieuses et épiscopales pour nuire et mettre fin à ce projet dont la mission est pourtant de permettre à la personne de se libérer, de se relever et de se tenir debout face à l'oppression. Ces représailles ecclésiastiques ressemblent aux manœuvres auxquelles j'ai assisté au Pérou quand le conseil d'administration avait dissous le CEDEPSE.

Je me rappelle les paroles de Jean-Jacques Rousseau : « C'est dans les siècles les plus dépravés qu'on aime les leçons de la morale la plus parfaite. Cela dispense de les pratiquer. » J'ajouterais que c'est dans le monde du pouvoir religieux et civil que l'on peut trouver tant de corruption. C'est dommage pour ceux qui sont de bonne foi, mais le mauvais prend des proportions destructrices incommensurables.

C'est la réalité du bon grain et de l'ivraie.

Les témoignages que nous recevons sont stupéfiants. Il est incroyable de voir à quel point l'être humain est capable de se déshumaniser. Pour les victimes, des cérémonials enrobés de langage religieux deviennent des lieux de torture d'enfants et d'adultes. La vulnérabilité de ces personnes en fait l'appât idéal pour des actes pervers pouvant aller de l'abus sexuel aux pires sévices. Je découvre un monde, ici, chez moi, que je ne soupçonnais pas. Je savais que cela existait ailleurs et même en Europe, mais ici, sur ma terre... quel choc ! Ma crédibilité de docteure et le savoir-faire acquis à l'international aident les langues à se délier.

Une fois prises au piège, les victimes deviennent soumises et dominées par les auteurs asservissants. Elles sont réticentes à se confier. D'ailleurs, la majorité d'entre elles sont traitées pour des troubles psychiatriques ; elles souffrent de dépression profonde et ont des idées suicidaires. Les personnes survivantes qui ont pris l'initiative d'en parler n'ont généralement pas été crues et ont été sommées de se taire. Encore aujourd'hui, les victimes de violences sexuelles sont confrontées à des interrogatoires et à des évaluations qui les découragent. Trop souvent, elles finissent par choisir le silence.

Les déviants, voleurs, tricheurs et abuseurs ayant en société des rôles importants ont droit à une juste défense et ont généralement les moyens d'en assumer le coût. Dans un système judiciaire qui choisit d'éviter de fausses accusations, le présumé malfaiteur qui nie ses actes pervers est facilement innocenté.

En plus d'être brisés, démolis par ces personnes dépravées, les abusés sont soumis à l'épreuve de nombreuses et très longues procédures judiciaires. La souffrance de ces personnes est intense dès le début mais elle empire quand elles ne sont pas crues. De plus, une chaîne de transmission s'instaure : la victime abusée qui dévie de son chemin d'épanouissement peut, à son tour, devenir abusante. La perversion est sans fin.

Devant toutes ces atrocités, je suis obligée de m'appliquer les traitements que j'enseigne, afin d'être disposée à aider sans me perdre. Je marche, je respire et je pratique la bilatéralité alternée. Car poursuivre cette mission en sachant que des autorités « déviantes » ont le pouvoir de tout détruire exige force et courage.

*
* *

Depuis la création de l'IIDI, alors que j'essaie de mener à bien cette œuvre humanitaire, je dois apprendre à tourner la page, même si ça ne va pas avec mon caractère fonceur qui veut la justice à tout prix.

Les événements et les péripéties qui se succèdent m'y contraignent très souvent. Ainsi, par exemple, un professionnel du droit qui propose de nous aider avec l'intention de nous faire couler, des membres du conseil d'administration qui tentent de profiter de l'œuvre pour l'orienter à l'opposé du sens de notre mission ou encore de s'emparer des fonds de notre association de charité.

Dans ces circonstances, la tâche est ardue. Avec l'appui de fidèles collaborateurs je rame constamment contre de nombreux courants. Quelle énergie gâchée ! Mon attitude ne varie pas : nous poursuivons notre mission en restant fidèles à l'inspiration et aux fondements de base de l'Institut.

Tout n'est toujours qu'un éternel recommencement. Mais ma passion pour l'être humain alimente mon souffle de vie. Si j'avais eu l'illusion de croire que mon retour au Québec allait m'offrir de la quiétude, je dois reconnaître à quel point je m'étais trompée. C'est une excellente école pour pratiquer l'enseignement que je dispense : *« Savoir transformer nos épreuves en vie ».* Quand la colère et l'indignation prennent le dessus, une marche en forêt remet le tout en ordre.

Depuis août 2006, nous sommes dans de nouveaux locaux qui correspondent parfaitement à nos nombreux besoins. L'IIDI vit encore de ses services tarifés et de dons de salaires d'intervenants profondément enracinés. L'institut dispose maintenant d'une équipe exceptionnelle, tant dans les services administratifs que professionnels, porteuse d'une même passion : l'être humain en bonne santé.

Ces dernières années, j'ai dû répondre aux exigences postdoctorales de produire des œuvres littéraires pour décrire ma position et ma méthode d'intervention.

Il est loin le temps où, à la fin de mon noviciat, j'avais exprimé quatre souhaits à mes supérieures :

1. Ne pas écrire – je n'ai jamais reconnu mon talent d'écriture.

2. Ne pas poursuivre mes études – j'avais terminé mon secondaire mais je ne me voyais pas m'engager dans la voie des études supérieures. Je souhaitais être une missionnaire de rue.

3. Ne pas voyager – je me voyais prendre l'avion pour me rendre ou revenir de mon pays de mission, mais rien de plus.

4. Surtout, ne pas parler en public – timide, je ne m'imaginais pas destinée à une mission publique.

Les temps ont bien changé.

Épilogue

Tout au long de mes luttes, de mes défaites et de mes succès, au cours de mes multiples voyages du nord au sud, de l'est à l'ouest, dans les périodes d'activité intensive comme dans les moments plus calmes, j'ai dû apprendre à récupérer et à respecter les mouvements de la vie. Si j'ai eu l'occasion de contempler le beau, j'ai compris qu'il fallait cesser de chercher à l'extérieur de soi les éléments qui assurent notre bien-être et le succès de notre vie.

Pour affronter des situations d'intense souffrance vécues par des personnes, j'ai dû puiser à ma source de vie et avoir recours à mon expérience spirituelle. L'appel à collaborer à la réalisation d'une humanité saine m'a constamment interpellée.

En me référant à ma propre histoire d'enfant, d'adolescente et d'adulte, je constate que la lutte constante entre le Bien et le Mal est inévitable. L'enfant et l'adolescent ont besoin d'apprendre à traverser les moments difficiles. Chaque personne est invitée à frayer son chemin, sachant qu'elle aura à vivre selon ses choix.

Un enfant et un adolescent ont besoin de guides pour minimiser les mauvais choix de survie. Devant la détresse, toute personne, de tout âge, peut lutter en adoptant des attitudes défensives où elle traite le malaise et en arrive ainsi à être fidèle à son être profond. Ces choix conscients et inconscients font la trame d'un parcours humain. Constater que les uns prennent un chemin de croissance tandis que d'autres s'engagent dans la voie de la destruction reste un mystère pour moi. Il demeure évident que dans l'histoire d'un être humain, il y a des choix qui vont dans le sens de l'accomplissement et d'autres dans celui du déclin. Chaque personne est invitée à tracer son itinéraire. Il est reconnu que des traumatismes ou des deuils non traités interfèrent négativement dans l'orientation qu'une personne donne à sa vie.

Mais justement, c'est là toute la question : comment bien vivre en étant réaliste, comment surmonter les tourments de l'existence sans sombrer dans la détresse, le désespoir, ou toute forme de compensation, telle que la colère, la haine, les abus en tout genre et… oui ! la déviance sexuelle ?

La prière, l'eau bénite et les formules de consécration ne peuvent sauver le monde de la perversion sexuelle. Il faut, en premier lieu, libérer l'humain de ses chaînes et de ses angoisses. Il est incroyable de constater que des personnes intelligentes, généralement instruites, ont pu cacher tant de conduites dysfonctionnelles. Le refus de voir l'ampleur de ces réalités demeure encore irrecevable aujourd'hui. Les cacher empêche de les traiter. Le silence est l'arme privilégiée du crime sexuel…

D'une manière générale, je trouve inacceptable que l'être humain ne soit pas bien outillé pour faire face à la réalité. Avoir recours à l'expérience spirituelle peut aider à aller de l'avant, mais il devient aussi essentiel d'apprendre à guérir ce qui fait mal dans le corps et dans l'âme. Apprendre à vivre dans la réalité et savoir traverser l'épreuve est en quelque sorte le seul chemin de croissance et d'épanouissement.

J'ai dû apprendre à assumer que vivre sur terre comporte des moments de joie et des moments de détresse. Le bonheur consiste à vivre le moment présent dans sa plénitude. Il est primordial d'être préparé à toute éventualité, de savoir activer ses forces de vie et son potentiel dans les périodes sombres, et ce, pour l'avancement de sa croissance personnelle.

Je peux témoigner que la fidélité à son être, en liberté et en vérité, assure le triomphe de la Vie et de l'Amour.

Il est nécessaire que l'on offre au monde l'occasion de se poser les vraies questions et d'apprendre à vaincre dans la vie.

Remerciements

Ce livre n'aurait pu exister sans la précieuse collaboration des personnes suivantes à qui j'exprime ma sincère gratitude.

Jean-Claude Marcoux et Lise Ouellet, qui se sont imprégnés de mon histoire et qui ont collaboré de façon exceptionnelle avec moi tout au long de mon écriture.

Mon éditeur, Michel Lafon, et son équipe en France et au Québec – Huguette, Marion, Linda et Christine – qui, grâce à leur ouverture et talents littéraires, ont permis à l'ouvrage de rester fidèle à ma vérité.

À l'équipe de l'Institut international de développement intégral et en particulier Richard, Laura et Marie-Jo pour leur humour, leur patience et leur accompagnement tout au long des différentes étapes de la rédaction de ce livre.

Alexandre Deslauriers, jeune photographe et maquilleur québécois, extrêmement talentueux et généreux.

Table des matières

TROISIÈME PARTIE
Pèlerinages à Rome

QUATRIÈME PARTIE
Missionnaire sexologue au Québec

Composition PCA
44400 – Rezé

Impression réalisée par Marquis Imprimeur

pour le compte des Éditions Michel Lafon

Imprimé au Canada

Dépôt légal : octobre 2013
ISBN : 978-2-7499-2074-0
LAF 1677